W0039404

Übungsreihen für Geistigbehinderte
Heft H 7

Birgitta Keuter / Annemarie Joost

Freiarbeit mit Schwerbehinderten

Übungsreihen für Geistigbehinderte
– Konzepte und Materialien –
Hrsg. Susanne Dank

**H: Schwerpunkte
der Förderung**

Heft **H 7**

Birgitta Keuter / Annemarie Joost

Freiarbeit mit
Schwerbehinderten

verlag modernes lernen - Dortmund

Unser Buchprogramm im Internet
www.verlag-modernes-lernen.de

© 2009 by SolArgent Media, Divivion of BORGMANN HOLDING AG, Basel

Veröffentlicht in der Edition:
verlag modernes lernen • Schleefstraße 14 • D-44287 Dortmund

Gesamtherstellung: Löer Druck GmbH, Dortmund

Bestell-Nr. 3647   ISBN 978-3-8080-0638-2

Urheberrecht beachten!
Alle Rechte der Wiedergabe dieses Fachbuches zur beruflichen Weiterbildung, auch auszugsweise und in jeder Form, liegen beim Verlag. Mit der Zahlung des Kaufpreises verpflichtet sich der Eigentümer des Werkes, unter Ausschluss der § 52a/b und § 53 UrhG., keine Vervielfältigungen, Fotokopien, Übersetzungen, Mikroverfilmungen und keine elektronische, optische Speicherung und Verarbeitung (z.B. Intranet), auch für den privaten Gebrauch oder Zwecke der Unterrichtsgestaltung, ohne schriftliche Genehmigung durch den Verlag anzufertigen. Er hat auch dafür Sorge zu tragen, dass dies nicht durch Dritte geschieht. Der gewerbliche Handel mit gebrauchten Büchern ist verboten.

Zuwiderhandlungen werden strafrechtlich verfolgt und berechtigen den Verlag zu Schadenersatzforderungen.

Inhalt

Vorwort

In unserem ersten Buch zur Freiarbeit haben wir bereits vielfältige Materialien vorgestellt. Dabei handelte es sich jedoch fast ausschließlich um Materialien, die für leistungsstarke Schüler geeignet sind. In diesem Buch möchten wir nun Materialien vorstellen, die sich auch für schwerbehinderte Schüler eignen.
Unsere Schwerpunkte liegen in diesem Buch auf den Förderbereichen
  * Wahrnehmung
  * Motorik
  * Kommunikation

Im Bereich der Wahrnehmung stellen wir vielfältige Materialien vor, die besonders zur Förderung der basalen Fähigkeiten geeignet sind, hierzu zählen insbesondere die Bereiche der somatischen, der vestibulären, der propriozeptiv-kinästhetischen und der taktilen Wahrnehmung. Diese sind eng mit dem Bereich der Körperwahrnehmung verbunden. Es werden jedoch auch Materialien zur Förderung der visuellen, der auditiven, der olfaktorischen und der gustatorischen Wahrnehmung vorgestellt.
Im Bereich der Motorik gehen wir auf Materialien ein, die sowohl für die Förderung der Grob- und Feinmotorik als auch für die Förderung der Auge-Hand-Koordination sowie das beidhändige Arbeiten einsetzbar sind.
Unter dem Titel Kommunikation stellen wir Materialien vor, die geeignet sind, Kommunikation anzubahnen.
Viele Materialien sind auch in den Förderbereichen Spiel und Lebenspraktisches Training einsetzbar, wir legen jedoch die Schwerpunkte auf die oben genannten Förderbereiche.
Es ist nicht unser Anliegen verschiedene Förderansätze wie z.B. den der basalen Stimulation oder den der sensomotorischen Integration vorzustellen. Vielmehr möchten wir dem Leser konkrete Möglichkeiten an die Hand geben, auch schwerbehinderte Schüler im Rahmen der Freiarbeit in den Unterricht mit einzubeziehen und ihnen für sie sinnvolle Angebote zu machen, die diese Schüler zu einem selbstbestimmten und selbstständigen Handeln führen können. Die einzelnen Materialien stellen wir geordnet nach ihren Förderschwerpunkten dar. Da viele Materialien jedoch mehr als einen Förderbereich betreffen, machen wir diese Überschneidungen in einer Tabelle sichtbar.
Wie bereits in unserem ersten Buch, haben wir auch hier versucht, Materialien zu finden, die einfach und kostengünstig selbst herzustellen sind.
An dieser Stelle weisen wir auch darauf hin, dass unser Verständnis von Freiarbeit keine Lernvoraussetzung der Schüler erfordert. Diesen Aspekt werden wir in einem gesonderten Kapitel nochmals aufgreifen.
Zudem möchten wir darauf aufmerksam machen, dass wir aus Gründen der leichteren Lesbarkeit von Schülern sprechen. Die weibliche Form ist jedoch stets mitgedacht und mitgemeint.

1. Einleitung

1.1 Grundlegende Überlegungen zur Freiarbeit mit schwerbehinderten Schülern

Zunächst möchten wir in diesem Kapitel darauf hinweisen, dass wir in diesem Buch von „schwerbehinderten Schülern" sprechen. Damit meinen wir alle Schüler einer Förderschule mit dem Förderschwerpunkt geistige Entwicklung, die schwerer, schwerst- und schwerstmehrfachbehindert sind, d.h. der Begriff umfasst die gesamte Bandbreite der Schüler, die nicht oder noch nicht in der Lage sind, über einen begrenzten Zeitraum hinweg mit möglichst wenig Hilfe eine Aufgabe zu bearbeiten bzw. mit einem Material sachgebunden umzugehen. Wir meinen somit auch Schüler, die aufgrund von Verhaltensauffälligkeiten nicht ohne Hilfe an einer Aufgabe arbeiten können, z.B. autistische Schüler, aber auch schwerstbehinderte Schüler, die aufgrund ihrer körperlichen und / oder geistigen Beeinträchtigungen nicht in der Lage sind ohne individuelle Hilfe (zielgerichtete) Tätigkeiten auszuführen.

Freiarbeit mit all diesen Schülern bedeutet daher für uns:

- sich mit individueller Zuwendung und Hilfestellung über einen stark begrenzten Zeitraum (z.B. 2 min) einer Aufgabe / einem Material zuwenden
- Aktivierungshilfen an sich geschehen lassen
- verbale / körperliche Zuwendung ertragen

Auch wenn diese Aspekte nicht „typisch" für Freiarbeit sind, ordnen wir sie dem Bereich Freiarbeit zu, da sie – was für uns ausschlaggebend ist – das langfristige Ziel haben, von den Schülern mit möglichst wenig bzw. ohne Lehrerhilfe selbstständig und selbstbestimmt ausgeführt zu werden. Dabei kann es sich sowohl um aktive, als auch um passive Tätigkeiten handeln.

Zudem erfordert Freiarbeit in diesem Sinn keinerlei Lernvoraussetzungen der Schüler. Das Erlernen der Freiarbeit ist schon Freiarbeit.

Freiarbeit mit schwerbehinderten Schülern ist in den Zeiten möglich, in denen der Lehrer Freiräume hat, weil die anderen Schüler der Klasse Freiarbeit machen. Ein Teil der Schüler einer Klasse kann meist relativ schnell für eine begrenzte Zeit mit einem vorgegebenen Material weitgehend selbstständig arbeiten. Die Lehrer haben dann die Möglichkeit, nun auch die schwerbehinderten Schüler für längere Zeit in die Freiarbeit einzubinden. So können sich z.B. autistische Schüler mit individueller Lehrerzuwendung intensiv mit den Freiarbeitsmaterialien beschäftigen und nach einiger Zeit evtl. auch für begrenzte Zeit alleine arbeiten. Schwerbehinderte Schüler, die noch nicht alleine mit Materialien arbeiten können, können in den Freiarbeitszeiten intensive, grundlegende Material- und Umwelterfahrungen machen und eine direkte Lehrerzuwendung erfahren, die in anderen Unterrichtszeiten so kaum möglich ist.

Da die schwerbehinderten Schüler in die Freiarbeit eingebunden werden, was z.B. auch über Freiarbeitspläne (s.u.) sichtbar gemacht wird, werden diese Schüler enger in die Klassengemeinschaft einbezogen, da für alle anderen Schüler der Klasse deutlich ist, dass auch diese Schüler arbeiten.

1.2 Ziele der Freiarbeit mit schwerbehinderten Schülern

1.2.1 Selbstständigkeit

Selbstständigkeit bedeutet für uns, dass die Schüler eigenständig eine Handlung ausführen, eigenständig in soweit wie es ihre jeweilige Behinderung zulässt. Der Umfang der erforderlichen Hilfen kann also sehr unterschiedlich sein. Arbeitet ein schwerbehinderter Schüler z. B. mit einem Fühlkasten (oder -sack), kann dies für ihn zunächst bedeuten, dass er mit Armführung seinen Arm im Fühlkasten unwillkürlich bewegt und mit Hilfe des Lehrers einen Gegenstand erfasst, auf einer höheren Stufe dies ohne Lehrerhilfe ausführt und auf einer noch höheren Stufe Gegenstände in dem Fühlkasten gezielt erfasst und herausholt. Ist am Anfang dieser Handlungsfolge die Selbstständigkeit des Schülers nur in geringen Ansätzen zu erkennen (das Ausführen unwillkürlicher Bewegungen), so nimmt diese jedoch – gemäß dem Prinzip der abnehmenden Hilfe – kontinuierlich zu.

Wichtig ist uns, dass die Selbstständigkeit des Schülers nicht nur Ziel sein kann, sondern auch Methode ist, so dass die Schüler auf den unterschiedlichen Stufen einer von ihnen zu erlernenden Handlungseinheit stets zumindest einen Teil der Handlung selbstständig ausführen können.

Selbstständigkeit meint zudem neben dem Aufbau von Handlungsfähigkeit die Fähigkeit der Handlungsplanung. Für einen schwerbehinderten Schüler kann dies bedeuten, dass er weiß, dass er seinen Arm bewegen muss, um ein Glöckchen zum Klingen zu bringen; für einen leistungsfähigeren Schüler, dass er zielgerichtet mit einer Taschenlampe Gegenstände anleuchtet.

Bei der Anbahnung von Handlungsfähigkeit eignen sich besonders Materialien, die einen hohen Motivationscharakter haben, wie z. B. Glöckchen oder Luftballons. Wichtig dabei ist, dass der Schüler unmittelbar Ursache (seine Handlung) und Wirkung erfährt.

1.2.2 Selbstbestimmung

Selbstbestimmung ist etwas, was wir für uns in möglichst allen Bereichen des Lebens haben möchten. Sehen wir uns die Lebensumwelt unserer schwerbehinderten Schüler an, so erkennen wir sehr schnell, dass deren Möglichkeiten der Selbstbestimmung sehr eingeschränkt, in weiten Teilen überhaupt nicht vorhanden sind. Daher ist es für uns sehr wichtig, unseren Schülern Bereiche zu eröffnen, in denen sie frei wählen und entscheiden können.

Selbstbestimmung kann dabei bedeuten, dass ein Schüler sich für ein Material unter anderen frei entscheiden kann oder den Anfang und das Ende einer Handlung bestimmt.

Besonders bei der Arbeit mit schwerbehinderten Schülern (die oftmals noch schwere körperliche Behinderungen haben) ist es dabei sehr wichtig, auf körperliche Reaktionen des Schülers zu achten. Lässt man z. B. einen Schüler bei einer Massage entscheiden, ob er mit einem Noppenball oder mit einem Massagehandschuh massiert werden möchte, ist es oftmals nur an den Augen des Schülers (die bei dem von ihm bevorzugten Material verweilen) zu erkennen, welches Material er wählt. Auch bei der Beendigung einer Handlung sind es oftmals nur körperliche

Reaktionen (z. B. Erhöhung des Muskeltonus), die uns zeigen, dass ein Schüler diese beenden will. Auch wenn dies viel Geduld und Einfühlungsvermögen von uns verlangt, auch wenn wir oft denken, dass wir „gerade jetzt die Zeit für eine weitere Förderung hätten", so sollten wir doch mit Respekt vor dem Schüler und seiner Entscheidung dieser nachkommen.

1.2.3 Materialerfahrung

Wie bereits erwähnt, stellen wir Materialien vor, die weitmöglichst auch in der Umwelt des Schülers für diesen eine Bedeutung haben bzw. zukünftig eine Bedeutung erhalten sollen und die auch außerhalb der Freiarbeit im Lebensumfeld des Schülers vorhanden sind. Dem Schüler soll es ermöglicht werden, sich seine Umwelt in kleinen Schritten zu erschließen und seine Umweltorientierung somit zu erweitern. Ein weitreichender Aspekt ist es hier auch, den Schüler langfristig zu einer aktiven Mitgestaltung seiner Umwelt zu befähigen. So kann ein kleiner Softball später in einem gemeinsamen Spiel mit Mitschülern wieder „zum Einsatz" kommen, Luftballons werden bei der Geburtstagsfeier eines Mitschülers wiedererkannt und/ oder sogar angstfrei übergeben. Auch kann es unserer Auffassung nach durchaus sinnvoll sein, einen Schüler mit dem Löffel spielen zu lassen, mit dem er später das Essen gereicht bekommt oder ihm die Bürste in die Hand zu geben, mit der seine Haare gebürstet werden. Materialerfahrung ist also auch Gegenstandserfahrung.

Materialerfahrungen mit Trockenerbsen, Sand, Kleister, Ton u. ä. sind ebenso für schwerbehinderte Schüler von Bedeutung. Diese liegen hier jedoch überwiegend in der taktilen Wahrnehmung der Schüler. Von Bedeutung ist jedoch auch, dass die von uns vorgestellten Materialien größtenteils so gewählt sind, dass sie einen hohen Aufforderungscharakter haben und so die Schüler zu Bewegungen auffordern. Dabei ist es meistens nicht wichtig, gezielte Bewegungen zu machen, vielmehr genügen auch ungezielte Bewegungen um das dargebotene Material zu verändern bzw. in Bewegung zu bringen.

2. Förderbereiche

In unserem Buch werden wir schwerpunktmäßig drei Förderbereiche behandeln. Neben dem Bereich der Kommunikation sind dies die Bereiche der Motorik und der Wahrnehmung, die den größten Raum einnehmen. Den Förderbereich Spiel und den Förderbereich des Lebenspraktischen Trainings behandeln wir nicht als eigene Bereiche.

Viele im Förderbereich Motorik vorgestellte Materialien und die damit verbundenen Tätigkeiten haben eine enge Verbindung zum lebenspraktischen Bereich. Wir sehen jedoch die in diesem Bereich angestrebten motorischen Fähigkeiten als Grundvoraussetzungen, die erfüllt sein müssen, um im lebenspraktischen Bereich weiter ausgebaut werden zu können. So ist es z. B. einfacher, Reißverschlüsse an schweren festen Stoffen zu schließen, als am eigenen Anorak.

Im Bereich Spiel sammeln die Schüler Erfahrungen im Bezug auf die Funktion und Beschaffenheit von Gegenständen. Die Erfahrungen etwas bewirken zu können, bereitet den Schülern dabei große Freude. Wir führen diesen wichtigen Bereich jedoch nicht als eigenen Förderbereich auf, da auch hier vielfältige Ziele aus dem Bereich Motorik und Wahrnehmung von großer Bedeutung sind und sich Überschneidungen mit diesen Bereichen nicht vermeiden lassen würden.

In der unter 2.4 dargestellten Tabelle kennzeichnen wir jedoch die Materialien, bei denen die Bereiche Spiel und Lebenspraktisches Training zum Tragen kommen.

Im Folgenden werden wir die einzelnen Bereiche der Wahrnehmung und der Motorik beschreiben. Wir möchten jedoch betonen, dass dies in dieser Form nur geschieht, um dem Leser eine bessere Übersicht über diese zu verschaffen. Bei der konkreten Arbeit mit den Schülern werden sich diese Bereiche immer wieder überschneiden, werden sie sich immer wieder gegenseitig beeinflussen. Wahrnehmung und Bewegung sind stets eng miteinander verbunden, es findet eine sensomotorische Förderung statt. Eine isolierte Förderung einzelner Bereiche hätte zudem stark den Charakter einer mechanischen Förderung und könnte nicht in die Lebensumwelt der Schüler integriert werden.

Wie eng die einzelnen Bereiche miteinander verbunden sind, geht auch aus der angefügten Grafik von Petra Zinke-Wolter (Zinke-Wolter, 1991, S.210) hervor.

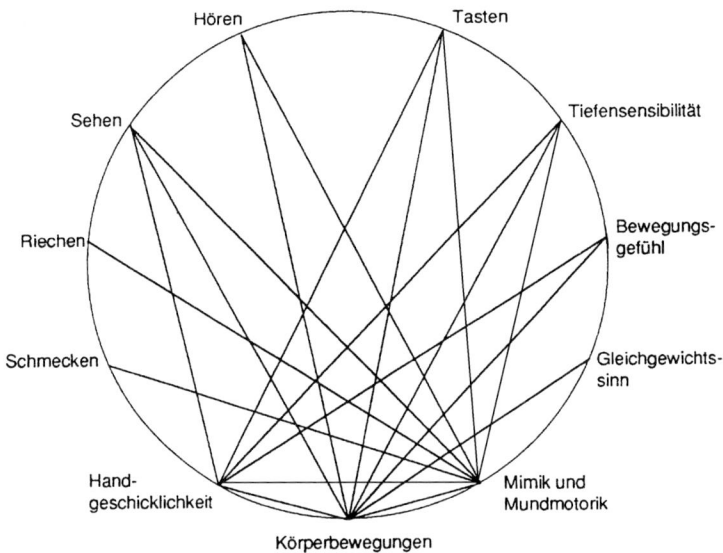

Wahrnehmung

Hören · Tasten · Tiefensensibilität · Sehen · Bewegungsgefühl · Riechen · Gleichgewichtssinn · Schmecken · Handgeschicklichkeit · Mimik und Mundmotorik · Körperbewegungen

Bewegung

Abb. 59: Wahrnehmung und Bewegung beeinflussen und bereichern sich gegenseitig – ein sensomotorisches Lernen

2.1 Förderbereich Wahrnehmung

Wahrnehmung ist ein elementarer Bereich des Lebens und somit besonders für die von uns angesprochene Schülergruppe ein besonderer Förderbereich. Wichtig sind uns die folgenden Aspekte:

Schwerbehinderte Schüler nehmen wahr. Sie nehmen z. B. ihre Körperlage, ihren Muskeltonus oder optische und akustische Signale in ihrer Umgebung wahr. Oftmals ist ihre Wahrnehmung jedoch verzerrt, ungenau und die wahrgenommenen Signale können von diesen Schülern nur ansatzweise „richtig" eingeordnet und verarbeitet werden. Dies sind für die Schüler Situationen, die oftmals angsterregend sind. Dies bedeutet für unsere Arbeit, dass wir bei der Einführung neuer, unbekannter Reize diese langsam und mit intensiver Lehrerbegleitung an den Schüler heranführen. Unsere Erfahrung zeigt, dass nach einer intensiven Einführungsphase neue Reize meist lustvoll erlebt werden und somit auch eine Bereicherung im Leben dieser Schüler darstellen.

Ebenso dürfte es für uns alle selbstverständlich sein, dass wir das Lebensumfeld unserer Schüler möglichst erweitern und dass auch sie z. B. an Ausflügen teilnehmen sollen. Hierbei kann es jedoch notwendig sein, dass zur Überwindung eines

Hindernisses ein Rollstuhl mit einem Schüler kurzfristig gekippt werden muss und der Schüler nun seinen Körper in einer Schräglage verspürt. Wichtig ist es hier, dass dies dem Schüler schon aus früheren Erfahrungen bekannt ist, dass er dies hier nicht zum ersten Mal erlebt. Es wird deutlich, dass Wahrnehmung und Wahrnehmungsförderung auch immer in einem engen Zusammenhang mit Lebensbewältigung stehen.

Auch bei der Auswahl des von uns verwendeten Materials versuchen wir stets solches zu verwenden, welches auch in der übrigen Lebensumwelt des Schülers für diesen von Bedeutung ist (vgl. 2.3 Materialerfahrung).

Da die angesprochene Schülergruppe überwiegend große Wahrnehmungsdefizite im Bereich der Nahsinne (propriozeptiv-kinästhetischer, vestibulärer und taktiler Bereich) aufweist, liegt ein Schwerpunkt unseres Buches in der Vorstellung von Materialien die diese basalen Bereiche berücksichtigen.

2.1.1 Somatische Wahrnehmung

Die somatische Wahrnehmung bezieht sich auf die Wahrnehmungen, die den Körper betreffen, die dazu beitragen, den eigenen Körper zu erleben. Zu nennen sind hier die Wahrnehmungen von Druck, Berührung, Bewegung, Reibung, Hautspannung, Schmerz, Kälte und Wärme. Besonders Schüler, die neben ihrer geistigen Behinderung auch noch eine Körperbehinderung haben, weisen in diesem Bereich große Erfahrungsdefizite auf. Durch verschiedene Aktivitäten die zu einem Spannungsaufbau bzw. zur Entspannung führen, durch Übungen zur Gleichgewichtsförderung, aber auch Angebote die Haltung und Lagerung des Körpers betreffen, kann der Schüler ein Körperschema aufbauen, einzelne Körperteile differenzierter erleben, sich letztendlich auch „wohler in seiner eigenen Haut fühlen".

Die somatische Wahrnehmung wird in drei Bereiche unterteilt: die kinästhetisch-propriozeptive Wahrnehmung, die vestibuläre Wahrnehmung und die taktile Wahrnehmung.

Kinästhetisch-propriozeptive Wahrnehmung
Dieser Wahrnehmungsbereich betrifft die Tiefensensibilität des Körpers (propriozeptive Wahrnehmung) sowie die Bewegungswahrnehmung. Er ist in entscheidendem Maß verantwortlich für die Eigenwahrnehmung des Körpers. Weiß ein Schüler nichts oder nur wenig über seine Lage im Raum, darüber, wo er sich in Beziehung zu Objekten seiner Umgebung befindet und in welche Richtung seine Bewegungen gehen, ist es für ihn schwer, wenn nicht gar unmöglich, Bewegungen (auch zu Objekten hin) gezielt auszuführen.

Die kinästhetisch-propriozeptive Wahrnehmung unterteilt sich wiederum in drei Bereiche.

Der *Lagesinn* erfasst die Position des Körpers im Raum, er vermittelt Informationen über die Stellung von Gelenken und die Stellung des Kopfes. Der *Kraftsinn* gibt Auskunft über den Anspannungszustand von Muskeln und Sehnen. Er ist notwendig, um Bewegungen angemessen dosiert auszuführen.

Der *Bewegungssinn* gibt Informationen über das Bewegungsempfinden und somit auch über die Richtung, in die eine Bewegung ausgeführt wird.

Vestibuläre Wahrnehmung

Die vestibuläre Wahrnehmung ist eng verbunden mit der kinästhetisch-propriozeptiven Wahrnehmung und betrifft den Gleichgewichtssinn. Die Zentren des Gleichgewichts-organs befinden sich im Innenohr sowie im Kleinhirn. Einfluss auf die vestibuläre Wahrnehmung haben jedoch auch Augen und Reflexe. Weiterhin unterscheidet man zwischen einem statischen und einem dynamischen Gleichgewicht. Vestibuläre Wahrnehmung geschieht immer dann, wenn der Körper eine Drehung um die eigene Körperachse erfährt. Wichtige Materialien, die geeignet sind diesen Wahrnehmungs-bereich zu fördern, sind z. B. das Varussell oder der Therapiekreisel.

Taktile Wahrnehmung

Die taktile Wahrnehmung bezieht sich auf die Oberflächensensibilität unserer Haut. Sie betrifft den Kontakt dieser zu ihrer unmittelbaren Umwelt, sei es die Luft oder Kleidungsstücke, die am Körper gespürt werden. Mit Hilfe der taktilen Wahrnehmung erforschen wir auch die Oberflächenbeschaffenheit, Größe und Konturen von Ob-jekten und gewinnen so Informationen über diese. Bei der taktilen Wahrnehmung ist zu bedenken, dass die Haut sehr differenziert Außenreize wahrnehmen kann, so dass man bei der Hautstimulierung stets darauf achten muss, dass es nicht (durch die Verwendung zu starker Reize) zu einer Desensibilisierung kommt.

Mit zunehmenden Fähigkeiten im Bereich der taktilen Wahrnehmung werden zunächst die Extremitäten differenzierter wahrgenommen, später dann auch der Handinnenteller, dessen Sensibilität besonders wichtig für das Erlernen des Greifens ist. Die Ausbildung der taktilen Wahrnehmung endet in „echtem Fingerspitzengefühl" (Zinke-Wolter, 1991, S. 223).

Taktile Wahrnehmungserfahrungen machen die Schüler u. a. mit Materialien wie Fühl- und Tastwänden, Fühlsäckchen, Fühlkissen und Fühlkisten, der Trockenerb-senwanne oder der Trockendusche.

2.1.2 Visuelle Wahrnehmung

Nach Frostig ist die visuelle Wahrnehmung die Fähigkeit, visuelle Reize zu erkennen, sie zu unterscheiden und durch Vergleichen mit früher gemachten Erfahrungen zu interpretieren. Wahrgenommen werden Größe, Form, Farbe und bei einer ausdif-ferenzierteren Wahrnehmung auch die Entfernung und Bewegung von Objekten. Dabei ist zum Erkennen der Raumtiefe, dem Schätzen des Abstandes zu Objekten ein Sehen mit beiden Augen erforderlich. Da viele Schüler in diesem Bereich starke Wahrnehmungsstörungen aufweisen, müssen die Materialien der Förderangebote stets klar strukturiert sein, klar erkennbare Konturen aufweisen und sich deutlich von der Umwelt abheben. Durch die Verwendung poppiger Farben und glitzernder Folien kann der Aufforderungscharakter, sich mit diesen Materialien zu beschäftigen erhöht werden.

Die visuelle Wahrnehmung lässt sich in fünf Bereiche aufgliedern:

Die *Visuomotorische Koordination* betrifft die Koordination des Sehens mit den Bewegungen des Körpers, bzw. mit Bewegungen von Körperteilen. Im Kapitel Ma-terialen haben wir bewusst viele *Materialien* beschrieben, bei denen der Schüler schon durch zunächst ungeschickte, ungezielte Bewegungen einen Effekt auslösen kann, wie z. B. beim Hantieren mit Glöckchenbällen, Luftballons oder unter der Trockendusche. Diese sollen den Schüler dazu motivieren mit den Materialien umzugehen, sich in den motorischen Tätigkeiten zu üben, um sie dann in einem zweiten Schritt gezielt ausführen zu können.

Die *Figur-Grund-Wahrnehmung* bezieht sich auf das Herausfiltern des jeweils wichtigsten Reizes. So wie wir als Erwachsene an einer Kreuzung als wichtigste „Figur" die Ampel erkennen, muss der Schüler sein Arbeitsmaterial als wichtigste „Figur" im Vordergrund sehen. Dies ist besonders wichtig bei Materialien, bei denen das gezielte Greifen erlernt werden soll.

Wahrnehmungskonstanz bedeutet, dass ein Gegenstand immer als dieser in Form, Größe und Farbe wahrgenommen wird, auch wenn sich Blickwinkel, Perspektive oder Entfernung zu diesem verändern.

Die *Wahrnehmung der Raumlage* bezieht sich darauf, wie der Mensch Objekte in Beziehung zu sich sieht. Dabei nimmt der Mensch sich selbst bei der Wahrnehmung als Zentrum wahr. Weisen Schüler in diesem Bereich Defizite auf, fällt es ihnen schwer, Bewegungen zu Objekten hin gezielt auszuführen. Als geeignete Materialien wären hier z. B. die Durchgreifpyramide oder die Hängegestelle zu nennen.

Die *Wahrnehmung räumlicher Beziehungen* beinhaltet das räumliche Vorstellungsvermögen dahingehend, dass mehrere Gegenstände in Beziehung zueinander und zu sich selbst wahrgenommen werden. Diese sehr komplexe Wahrnehmung wird z. B. beim Auffädeln von Perlen geübt.

2.1.3 Auditive Wahrnehmung

Die auditive Wahrnehmung ist die Sinneswahrnehmung von Schall. Eine gut ausgebildete auditive Wahrnehmung ist zudem die Grundvoraussetzung für den Spracherwerb. Auch bei der auditiven Wahrnehmung werden verschiedene Bereiche beschrieben:

Die *Diskriminationsfähigkeit* bedeutet, Geräusche hinsichtlich ihrer verschiedenen Qualitäten wahrzunehmen (ein Geräusch besteht stets aus verschiedenen Qualitäten). Es werden auch Geräuschqualitäten wie kurz – lang, leise – laut, hoch – tief, schnell – langsam, und gleich – verschieden wahrgenommen. Geübt werden können diese z. B. beim Umgang mit Regenrohren oder Klangschalen und Klangstäben.

Die *Wahrnehmungskonstanz* bedeutet, dass ein Geräusch immer als solches wahrgenommen wird, auch wenn sich einzelne Merkmale wie z. B. die Lautstärke ändern.

Das *Figur-Grund-Hören* bezieht sich (wie bei der visuellen Wahrnehmung) auf das Herausfiltern des jeweils bedeutsamsten Reizes. So hört ein Schüler z. B. das Klingeln des Glöckchens beim Arbeiten mit dem Glöckchenball (in einem nicht stillen Klassenraum) als wichtigstes Geräusch heraus.

Beim *Richtungshören* ist das intakte Hörvermögen beider Ohren notwendig.

2.1.4 Olfaktorische und gustatorische Wahrnehmung

Diese beiden Wahrnehmungsbereiche sind sehr eng miteinander verbunden. Klar wird einem dies, wenn man daran denkt, wie wenig das Essen bei einer Erkältung schmeckt. Am Schmecken ist das Riechen mitbeteiligt.

Während bei der *olfaktorischen Wahrnehmung* nicht zwischen verschiedenen Bereichen unterschieden wird, gliedert sich die gustatorische Wahrnehmung in fünf Bereiche: süß, salzig, sauer, bitter und (erst Anfang des 21. Jahrhundert entdeckt) „unami" (aus dem Japanischen kommend, bedeutet soviel wie „wohlschmeckend"). Die Geschmacksrezeptoren liegen größtenteils auf der Zunge, sind jedoch auch auf der Mundschleimhaut, im Rachen und in der oberen Speiseröhre zu finden. Nützlich ist es dabei z. B. zu wissen, dass die Rezeptoren für „bitter" im hinteren Zungenbereich liegen, „bittere Medizin" also für Schüler angenehmer zu nehmen ist, wenn sie auf den vorderen Bereich der Zunge gegeben wird.

Auch zu diesen Bereichen stellen wir Materialien vor.

2.2 Förderbereich Motorik

Der Bereich der Motorik betrifft sowohl die Fein- und Grobmotorik, die Auge-Hand-Koordination wie auch das beidhändige Arbeiten. Dabei werden wir jedoch Materialien, die dem Bereich der Feinmotorik zuzuordnen sind, nur in geringem Umfang vorstellen. Dieser Bereich fordert meist sehr hohe Voraussetzungen, die bei der von uns angesprochenen Schülerschaft nicht oder nur sehr gering vorhanden sind.

Einer motorischen Handlung geht in der Regel eine Wahrnehmung voraus, auf die der Schüler reagiert. Wahrnehmung und Motorik sind also auf das Engste miteinander verbunden. Dies wird auch bei der Darstellung unserer Materialien deutlich. Sehr viele Materialien fördern die Wahrnehmung, sollen aber auch zu motorischen Tätigkeiten motivieren. So soll ein Schüler, der z. B. unter einer Trockendusche aus Bändern und Klangstäben steht, diese nicht nur visuell wahrnehmen, sondern auch dazu angeregt werden, die Klangstäbe zum Klingen zu bringen.

Bei der Auswahl der Materialien ist also darauf zu achten, dass vom Schüler ein Effekt ausgelöst werden kann, er ein „Ergebnis sieht" (wahrnimmt), auch wenn seine motorische Handlung noch unsicher und nicht zielgerichtet ist oder sein kann. Auch sollten die Tätigkeiten mit diesen Materialien einen spielerischen Charakter haben, bei denen das eigene Tun aus „Spaß an der Freude" häufig wiederholt wird. Materialien wie Trockenduschen, Glöckchen, Luftballons und Fühlsäckchen sind hier besonders geeignet.

2.2.1 Grobmotorik

Im Bereich der Grobmotorik werden Materialien angeboten, die den Schülern ermöglichen, ihrem Interesse an der dinglichen Welt Raum zu geben. Schon mit „groben" Bewegungen können Materialien verändert oder in Bewegung versetzt werden. Nachdem erste Wirkungen eher zufällig auftreten, lernen die Schüler ihre Bewegungen zunehmend zielgerichtet auszuführen und somit zu gezielteren, differenzierten Ergebnissen zu kommen. Bei schwerstbehinderten Schülern kann es in diesem Bereich nötig sein, zunächst mit unterstützten und geführten Bewegungen zu arbeiten.

2.2.2 Feinmotorik

Die Feinmotorik ist vor allem für die Bewegung der Hände von Bedeutung. Ist der radiale Handgriff schon von Geburt an möglich, benötigt der Schüler differenziertere Handgriffe, um schwierige Tätigkeiten (z. B. Öffnen und Schließen von Knöpfen) ausführen zu können.

Die Materialien geben den Schülern die Gelegenheit, „mit den Händen aktiv zu werden. Dabei differenzieren sie ihre feinmotorischen Fähigkeiten weiter aus und lernen, diese in unterschiedlichen Zusammenhängen einzusetzen" (Bayerisches Staatsministerium, 2003, S.73).

2.2.3 Auge-Hand-Koordination

Um feinmotorische Fähigkeiten gezielt einsetzen zu können, ist eine gute Auge-Hand-Koordination nötig. Viele Schüler haben zentrale Verarbeitungsschwierigkeiten im visuellen Bereich, die eine gezielte Förderung der Auge-Hand-Koordination bedingen.

Bei den Materialien zur Förderung dieses Bereiches ist es wichtig, dass sie eine klare Struktur aufweisen und entsprechend motivierend gestaltet sind, z. B. durch die Verwendung von glitzernden und leuchtenden Farben.

2.2.4 Beidhändiges Arbeiten

Bei Tätigkeiten, die beidhändig ausgeführt werden müssen, führen beide Hände entweder gleiche oder unterschiedliche Bewegungen aus. Erst durch das Beherrschen des beidhändigen Arbeitens können komplexere Tätigkeiten erlernt werden (z. B. Perlen auffädeln).

2.3 Förderbereich Kommunikation

„Kommunikation ist ein menschliches Grundbedürfnis und eine wichtige Bedingung für das subjektive Erleben von Lebensqualität" (Bayerisches Staatsministerium, 2003, S.96). Sie dient dem Aufbau und der Aufrechterhaltung sozialer Beziehungen, der Stärkung des Selbstbewusstseins und ist wichtig, um Entscheidungen und Wünsche zu äußern.

Geistigbehinderte Schüler sind häufig in ihren Möglichkeiten zur Kommunikation stark eingeschränkt. Je eingeschränkter die Kommunikationsfähigkeiten, desto größer ist die Abhängigkeit von den Mitmenschen. Häufig interpretieren die Bezugspersonen z. B. Körperhaltung, Mimik und/ oder Gestik falsch. Zudem wird die eingeschränkte Kommunikationsfähigkeit häufig mit kognitiver Unfähigkeit gleichgesetzt.

Im Unterricht ist es daher unerlässlich, auch vorsprachliche Kommunikationsweisen (z. B. Berühren, Wiegen) sowie den basalen Dialog (Blickkontakt, sprachliche Begleitung aller Handlungen, Verstärkung aller mimischen und gestischen Mitteilungen) einzusetzen.

Die Förderung der Kommunikation ist ein unterrichtsimmanenter Förderbereich, d.h. sie findet während des gesamten Unterrichts statt – ohne Kommunikation ist kein Unterricht möglich. Um eine Grundlage für wechselseitige Kommunikation zu schaffen, ist die Unterstützte Kommunikation (UK) eine wesentliche Möglichkeit, auf die unserer Meinung nach jeder in seiner Kommunikationsfähigkeit eingeschränkter Schüler ein Anrecht hat.

Die UK versucht, individuelle Kommunikationssysteme zu entwickeln, um eine effektivere Verständigung zu ermöglichen und eine soziale Integration zu erleichtern. Sie ist geeignet für Menschen, die sich nicht oder nicht ausreichend über Lautsprache mitteilen können. Durch UK können die Schüler ihre kommunikativen Fähigkeiten entwickeln, erweitern und anwenden, in ihren Äußerungen verstanden werden, eigene Entscheidungen mitteilen, ihre kognitiven Fähigkeiten zeigen, sich darstellen und einbringen. Das heißt: UK bedeutet ein Mehr an Entwicklungschancen und Gestaltungsmöglichkeiten und dadurch eine Verbesserung der Lebensqualität.

Bei der UK wird unterschieden zwischen körpereigenen (z.B. Blickbewegungen, Gebärden, Lautieren) und externen Kommunikationsformen [mit (elektronische Kommunikationshilfen) und ohne (reale Objekte, Fotos, Symbole, Wortkarten, Buchstabentafeln) Technik]. Die Förderung der Kommunikation muss individuell auf jeden Schüler abgestimmt werden und sich durchgängig durch den gesamten Unterrichtsalltag ziehen. Deshalb stellen wir bei den Materialien nur ein Beispiel zur Einführung von technischen Hilfsmitteln dar, mit dem nichtsprechende Schüler erste Erfahrungen mit dem Prinzip Ursache-Wirkung machen können. Dabei erleben sie sich selbst als handelnde, auslösende Person, sie können Beginn und Ende ihrer Tätigkeit selbst bestimmen.

Bei den meisten von uns vorgestellten Materialien wird die Kommunikation jedoch mitgefördert, z.B. durch die Auswahl mit Hilfe des Freiarbeitsplans (s. dort) sowie durch die sensible Beobachtung und Reaktion des Lehrers, der beim Einsatz der Materialien auf gestische und mimische Äußerungen des Schülers, auf Veränderungen der Lage, auf Muskelbewegungen und -tonus etc. achten muss. Diese Materialien sind in der Tabelle (s. 2.4) gekennzeichnet.

2.4 Tabelle der Materialien und der dazugehörenden Förderbereiche

Material	Kommunikation	Motorik: Grobmotorik	Feinmotorik	Auge-Hand-Koordination	Wahrnehmung somatisch: taktil	vestibulär	propriozeptiv-kinästhetisch	visuell	akustisch	olfaktorisch, gustatorisch	LT	Spiel
Massage	x				**x**							
taktile FA	x				**x**							
Tast-Fühl-Wand					**x**							x
Trockendusche					**x**							x
Trockenerbsenwanne			x		**x**							x
Sandwanne					**x**							x
Fühlkiste 1			x	x	**x**							
Fühlkiste 2			x	x	**x**							
Fühlkissen			x	x	**x**							
Fühlsäckchen			x	x	**x**							
Fußbodenparcours	x				**x**							
Fühlmemory					**x**							x
Knete			x		**x**							x
Temperatur	x				**x**							
Föhn, Ventilator	x				**x**							
Schaukel, Varussel etc.					**x**	**x**						x
Lagerung	x				x	**x**						
Sandsäckchen	x				x	**x**						
Lichtquellen	x							**x**				
Farbspiegel								**x**				
Taschenlampen					x			**x**				x
Glöckchenball		x		x				x	**x**			x
Regenrohre		x							**x**			x
Stampfrohre		x							**x**			x
Klangschale	x			x					**x**			
Klangspiel			x						**x**			x
Kopfhörer	x								**x**			
Riechgläser	x									**x**		
Duftlampen			x							**x**		
Greiflinge		**x**		x	x							x
Reißverschlüsse			**x**	x						x		
Knöpfe			**x**	x						x		
Dosen			**x**	x						x		
Wäscheklammern			**x**	x						x		
Klammerbrett			**x**	x						x		
Dübelbrett			**x**	x								
Perlen fädeln			**x**	x								x
Magnetspiel			**x**	x								x
Schüttelbilder			**x**	x						x		
Klebebilder			**x**	x						x		
Hängegestelle		x		**x**	x	x			x			x
Luftballons				**x**	x			x				x
Durchgreifpyramide		x	x	**x**								
Dosenspiel		x		**x**							x	x
UK	**x**											

x = Hauptförderbereich   x = mitgeförderte Bereiche

3. Grundlegende Aspekte der Freiarbeit mit schwerbehinderten Schülern

3.1 Zeitliche Voraussetzungen

Grundsätzlich sollte Freiarbeit mit schwerbehinderten Schülern, d.h. die intensive individuelle Lehrerzuwendung, so oft wie möglich durchgeführt werden.

Besonders gut funktioniert dies, wenn der Lehrer Freiräume hat, während die anderen Schüler mit ihren Freiarbeitsmaterialien arbeiten (s.o.). Aber auch bei Doppelbesetzungen sollten durchgehend kurze Zeiteinheiten für die Freiarbeit mit schwerbehinderten Schülern genutzt werden.

Bei schwerstmehrfachbehinderten Schülern kann dies bei personellen Engpässen, z.B. auch über das Erfahren einer anderen Lagerung für einige Minuten, das Spüren einer Rotlichtlampe oder Hören eines Musikstückes etc. geschehen.

Wichtig ist, dass der Lehrer sich immer wieder bewusst macht, dass die Freiarbeit und damit die für diese Schüler intensive Konzentrations-, Anspannungs- und oft auch Stressphase zunächst nur sehr kurz sein darf. So können wir z.B. mit einem schwerstmehrfachbehinderten Mädchen unserer Klasse nur für ca. 1 min Freiarbeit durchführen. Die intensive Zuwendung und die basalen Erfahrungen sind für sie höchst anstrengend. Verschiedene Lagerungen hält sie über einen längeren Zeitraum aus, massieren wir ihr aber z.B. die Hände, müssen wir nach kurzer Zeit die Freiarbeitsphase beenden, da sie sonst überfordert ist und mit Krämpfen und Erschöpfung reagiert.

Auch für viele autistische oder verhaltensauffällige Schüler müssen die Phasen der Freiarbeit sehr kurz gehalten werden, da diese Schüler körperliche Nähe oder individuelle Zuwendung nicht über längere Zeit aushalten können.

Für einige Schüler ist es günstig, die Phase der Freiarbeit auf mehrere kleine Zeiträume über den Tag hinweg aufzuteilen.

Viele Schüler ertragen diese Phasen auch sehr gut, wenn ihnen bewusst gemacht wird, dass diese intensive Arbeitsphase zeitlich begrenzt ist. Bewährt haben sich akustische Signale (z.B. durch einen Timer) oder auch visuelle Signale (z.B. durch eine Sanduhr).

Werden diese Zeiten zunächst sehr kurz gehalten (einige Sekunden bis wenige Minuten) und regelmäßig durchgeführt, gewöhnen sich die schwerbehinderten Schüler recht schnell daran und entwickeln eine Art Routine im Umgang mit ihnen. Dann kann der Lehrer damit beginnen, die Zeiten langsam zu verlängern. Natürlich müssen dabei individuelle Konzentrationsfähigkeiten, Tagesform etc. beachtet werden.

Bei schwerstmehrfachbehinderten Schülern ist die zeitliche Begrenzung durch Signale häufig nicht günstig. Besser ist es, diese Schüler während der Freiarbeitsphasen genauestens zu beobachten und auf ihre individuellen Reaktionen einzugehen.

3.2 Räumliche Voraussetzungen

Die Freiarbeit mit schwerbehinderten Schülern erfordert keine besonderen räumlichen Voraussetzungen. Sie kann genauso wie für die anderen Schüler im Klassenraum stattfinden.

Für einzelne Schüler ist es jedoch wichtig evtl. den Klassenraum kurzzeitig zu verlassen, einen besonderen Platz einzunehmen, einen Einzeltisch zu haben oder sich in die Lieblingsecke zu begeben.

Für einige Schüler kann es auch wichtig sein in einer abgetrennten Ecke (z. B. mit Hilfe eines Paravents) zu arbeiten, da sie sich dann besser konzentrieren können, ihre Verhaltensauffälligkeiten abnehmen oder sie sich sicherer fühlen. Auch verschiedene Sitzmöglichkeiten (z. B. Hocker, Bälle etc.) sind für diese Schüler oft sehr hilfreich.

Für Schüler mit einer Körperbehinderung ist es wichtig, dass in der Klasse verschiedene Lagerungen auf verschiedenen Unterlagen möglich sind und dass unterschiedliche Lichtquellen benutzt werden können (z. B. Ufolampe, Discokugel).

3.3 Freiarbeitspläne

An dieser Stelle möchten wir kurz erläutern, aus welchen Gründen wir die Arbeit mit Freiarbeitsplänen auch bei der Arbeit mit schwerbehinderten Schülern sinnvoll finden und wie diese Pläne aussehen können.

Schwerbehinderte Schüler sind in der Regel in den Klassen integriert, reine „Schwerbehindertenklassen" gibt es nur noch vereinzelt. Das bedeutet, das jeder Schüler ein Teil der Klassengemeinschaft ist und weitmöglichst in die dort vorhanden Abläufe und Regeln eingebunden sein sollte. Dies gilt auch für den Bereich der Freiarbeit. Hätte der schwerbehinderte Schüler keinen Freiarbeitsplan, so wäre er hier ausgeschlossen, könnte sich nicht miteingebunden in den gemeinsamen Unterricht fühlen.

Freiarbeit bedeutet auch immer, eine Wahlmöglichkeit zu haben. Die Bedeutung für einen schwerbehinderten Schüler, etwas wählen zu können, haben wir bereits (vgl. 1.2.2 Selbstbestimmung) erläutert. Ein Freiarbeitsplan bedeutet auch für die von uns angesprochene Schülerschaft Wahlmöglichkeit und Selbstbestimmung.

Freiarbeitspläne können bei diesen Schülern unterschiedlich sein. Die einfachste Form besteht darin, dass der Lehrer einem Schüler zwei Materialien zeigt und dieser dann direkt auswählt (mit dem Finger zeigen oder den Blick darauf richten; sprachliche Äußerung, wenn möglich). Sind den Schülern die verschiedenen Freiarbeitsmaterialien bekannt, ist es als Hinführung zur Abstraktion auch möglich, den Schülern Fotos zur Auswahl der verschiedenen Materialien zu zeigen. Gleichzeitig können anhand von Fotos die bereits verrichteten Tätigkeiten dokumentiert werden, indem sie z. B. an Holzleisten o. ä. angebracht werden. Grundsätzlich ist es immer günstig, die gesamten Freiarbeitsmaterialien zentriert an einem festen Ort (Regal, Schrank) aufzubewahren.

Für viele Schüler ist es wichtig, den Beginn und das Ende der Freiarbeitsphase deutlich durch ein Ritual bzw. Signal zu kennzeichnen. Hierzu eignen sich besonders akustische Signale (z. B. Triangel, Glocke, Gong, Klangschale) oder Bildkarten (Abbildungen vom Stundenplanbild der Freiarbeit; vereinbartes Symbol).

4. Materialien

4.1 Förderbereich Wahrnehmung

Massagen

Abb. 1

Materialbeschreibung:
Für Massagen können alle möglichen Materialien verwendet werden, z.B.
- elektrische Hilfen: Massagegeräte, Massagematten, Massageschlangen
- Naturmaterialien: Tannenzapfen, Papier, Watte, Federn, Steine
- Sonstiges: Igelbälle, Massageroller, Waschlappen, Creme, Öl, Bürsten unterschiedlicher Härte, Schwämme

Ziele:
Wahrnehmung einzelner Körperteile
Entspannung
Muskellockerung

Benutzung durch die Schüler:
Evtl. Partnermassage durch die Schüler, aber nicht geeignet bei schwerstmehr-fachbehinderten Schülern. Bei diesen Schülern muss die Massage durch einen Lehrer erfolgen.

Sonderpädagogische Hinweise:
Besonders wichtig ist es, den Schüler während der Massage genau zu beobachten, um seine Reaktionen wahrzunehmen und entsprechend reagieren zu können. Gerade schwerstmehrfachbehinderte Schüler reagieren häufig negativ auf die Stimulation bestimmter Körperteile. Bei der Ganzkörpermassage gehen die Massagebewegungen vom Rumpf aus und enden an den Spitzen der Extremitäten. Die Glieder werden möglichst ganz mit den Händen umschlossen. Literaturtipp: Bienstein, Ch., Fröhlich, A.: Basale Stimulation in der Pflege. Düsseldorf 2004[2], S. 45-57 und 132-182.
Sehr wichtig ist es auch, immer beide Hände, beide Füße, beide Arme oder Beine oder beide Körperhälften zu massieren, da der Schüler durch die Massage die ent-sprechenden Körperteile intensiv wahrnimmt. Wird nur eine Hälfte massiert, nimmt der Schüler diese intensiver wahr als die andere, was wiederum zu Irritationen führen kann und Wahrnehmungsstörungen noch unterstützt.

Bei nichtsprechenden Schülern ist es zunächst wichtig, verschiedene Materialien auszuprobieren und die entsprechenden Reaktionen zu beobachten, auch der ausgeübte Druck muss variiert werden. Manche Schüler zeigen starke Abwehrreaktionen gegen weiche Materialien, andere benötigen starken Druck oder können nur ganz wenig Druck aushalten etc.

Mit elektrischen Massagegeräten muss besonders vorsichtig umgegangen werden, um eine für den Schüler angemessene Dosierung und Dauer zu gewährleisten.

Abb. 2

Materialbeschreibung:
Zur taktilen Wahrnehmungsförderung sind alle möglichen Materialien geeignet, z. B. Rasierschaum, Creme, Knete, Ton, Sand, Kleister, Sand-Kleister-Gemisch, süßer und salziger Teig

Ziele:
Förderung der taktilen Wahrnehmungsfähigkeit
Abbau von taktiler Abwehr
Kennen lernen neuer Materialien

Benutzung durch die Schüler:
Der Schüler bekommt ein Material in die Hand und beschäftigt sich mit diesem bzw. die Hände und/oder Füße werden in und mit dem Material bewegt, eingerieben bzw. damit massiert.
Zudem ist es möglich, dass der Schüler das Material auf einer Oberfläche z. B. Tisch, Glasplatte verteilt.

Sonderpädagogische Hinweise:
Schwerstmehrfachbehinderte und nichtsprechende Schüler müssen genau beobachtet werden, um Vorlieben, aber auch Abwehr oder Ekel zu erkennen.
Bei Schülern die nicht schwerstmehrfachbehindert sind, die starke taktile Abwehr zeigen, kann versucht werden, diese Abwehr mit kleinen „Tricks" zu überwinden: z. B. der Schüler darf zunächst Gummihandschuhe anziehen und dann das Material anfassen; der Schüler darf das Material mit einem Finger anfassen; der Schüler soll das Material für eine vorgegebene Zeit in der Hand halten (zunächst wenige Sekunden; Timer!) und darf sich dann die Hände waschen.
Für das Sand-Kleister-Gemisch nimmt man 3 Teile Sand und 1 Teil Tapetenkleister. Aus diesem Gemisch können auch Sandplastiken (dann Spielsand aus dem Baumarkt verwenden!) hergestellt werden, da es zu einer harten Masse trocknet (ca. 5-7 Tage trocknen lassen, mit weißer Abtönfarbe grundieren, dann bunt bemalen).
Auch aus Sägemehl und Kleister kann eine Modelliermasse hergestellt werden.

Abb. 3

Materialbeschreibung:
Sperrholzplatten, verschiedene Materialien wie Schwämme, Bürsten, Stoffe, Glöck-chen, Korken etc.
Auf Sperrholzplatten verschiedene Materialien anbringen

Ziele:
Taktile Stimulation

Benutzung durch die Schüler:
Der Schüler fühlt selbstständig oder mit Hand- bzw. Fußführung an der Tast-wand.

Differenzierungsmöglichkeiten:
* Platte an die Wand hängen, Schüler setzt oder legt sich davor und fühlt
* Platte auf den Boden legen, Schüler legt sich in Bauchlage auf den Boden und fühlt
* Platte mit nur einem Material bestücken (z. B. Schwämme in verschiedener Härte)

Sonderpädagogische Hinweise:
Wichtig ist es, darauf zu achten, ob manche Schüler Abneigungen gegen bestimmte Materialien zeigen. Diese können einfach mit einem Stück Stoff oder einem Hand-tuch abgedeckt werden.

Abb. 4

Materialbeschreibung:
Große Holzreifen (Ø 60-100cm), Schnüre, verschiedene Materialien wie Korken, Perlen, Stoffstreifen, Streifen von Rettungsfolie, Glöckchen etc.
Die Materialien auffädeln bzw. am Ring befestigen. Mit weiteren Schnüren eine Aufhängung für die Decke herstellen.
Statt an Holzreifen können die Materialien auch an einem Drahtgeflecht oder an einem Kuchengitter befestigt werden. Sie hängen dann enger zusammen.

Ziele:
Taktile, visuelle, akustische Materialerfahrung (je nach verwendetem Material)
Anbahnung von Eigenaktivität

Benutzung durch die Schüler:
Die Schüler sitzen, stehen oder liegen unter der Trockendusche.

Differenzierungsmöglichkeiten:
  • Trockenduschen aus jeweils einem Material
  • Trockenduschen aus verschiedenen Materialien

Sonderpädagogische Hinweise:
Insbesondere bei der Einführung ist es notwendig, dass der Schüler von einem Lehrer begleitet wird. Je nach den individuellen Fähigkeiten des Schülers kann es notwendig sein, dass der Lehrer die Trockendusche bewegt bzw. Bewegungen des Schülers initiiert.
Wichtig ist, dass die verwendeten Materialien dem Schüler bereits bekannt sind, da die neue Darbietung des Materials (in Form der Trockendusche) sonst zu Reiz-überflutung und Überforderung führen kann.

Abb. 5

Materialbeschreibung:
Große Plastikschüssel oder kleine Wanne; Trockenerbsen; Materialien, die sich zum Schütten eignen, wie z. B. Plastiktassen, Joghurtbecher u. ä.
Die Wanne bzw. Schüssel wird mit den Trockenerbsen gefüllt.

Ziele:
Taktile Stimulation
Üben einfacher Arm- und Handbewegungen: Greifen, Festhalten, Loslassen, Drehbewegung des Handgelenks (beim Schütten)

Benutzung durch die Schüler:
Die Schüler tauchen eine oder beide Hände und Unterarme in die Trockenerbsen.
Sie spielen mit den Erbsen.
Die Schüler wählen ein Gefäß aus, das sie in die Erbsen tauchen und anschließend ausschütten, bzw. umschütten.

Differenzierungsmöglichkeiten:
* in den Erbsen werden Gegenstände „versteckt" (z. B. Bausteine), die der Schüler aussortiert
* statt Erbsen können auch andere Materialien, wie z. B. Kastanien, Eicheln, Blätter etc. verwendet werden

Sonderpädagogische Hinweise:
Die Höhe der verwendeten Wanne bzw. Schüssel beträgt ca. 20-30 cm. Daher ist darauf zu achten, dass der Schüler die richtige (höhere) Sitzhöhe hat. Sitzt er wie „normal" auf seinem Stuhl, ist es für ihn sehr anstrengend, die Arme einzutauchen. Zudem sieht er die Trockenerbsen nur sehr schlecht. Alternativ kann der Schüler auch im Stehen oder auf dem Boden arbeiten.
Schüler, die zum oralen Erkunden von Gegenständen neigen, müssen besonders beaufsichtigt werden, da die Gefahr besteht, dass sie die Erbsen in den Mund nehmen und verschlucken.

Abb. 6

Materialbeschreibung:
Sandwanne, große Schüssel oder Deckel von einem großen Karton; Sand, verschiedene Werk- und Spielzeuge (z. B. Igelball, Holzspatel, Abzieher etc.)

Ziele:
Taktile Wahrnehmung
Materialerfahrung
Verbesserung der Konzentration und Ausdauer

Benutzung durch die Schüler:
Die Schüler stellen oder setzen sich an die Sandwanne und arbeiten mit dem Sand und verschiedenen Materialien (z. B. Spuren machen)

Sonderpädagogische Hinweise:
Die Sandwanne ist für viele Schüler hochmotivierend. Auch unruhige Schüler bauen, experimentieren und spielen mit der Sandwanne sehr ausdauernd. Dabei machen sie vielfältige taktile Erfahrungen. Besonders schön ist es, wenn eine Sandwanne mit Glasboden von unten beleuchtet wird.
Sehr motivierend sind auch kleine Magnetfiguren. Dazu die Wanne auf Klötze stellen, die Figur in den Sand setzen und mit dem Magneten von unten bewegen.

Abb. 7

Materialbeschreibung:
Schuhkartons, Stoff, Nähgarn, Doppelklebeband, Materialien wie Kastanien, Eicheln, Nüsse, Trockenerbsen etc.
In die Mitte des Stoffes wird ein Schlitz genäht (kleiner, enger Zickzackstich wie bei Knopflöchern), der Stoff wird um den Karton (offene Seite oben) gelegt, an den Ecken der Seiten eingeschlagen und am Boden des Kartons mit Klebeband befestigt. Eine glattere Auflage erhält der Stoff, wenn die überstehenden Ecken eingenäht werden, nötig ist dies jedoch nicht. Die Kiste wird mit jeweils einem Material gefüllt.

Ziele:
Taktile Materialerfahrung
Anbahnung von Eigenaktivität (ungezielte Handbewegungen sowie erstes Greifen)

Benutzung durch die Schüler:
Die Schüler stecken ihre Hand in die Kiste und bewegen bzw. greifen die jeweiligen Materialien.

Differenzierungsmöglichkeiten:
- Variationsmöglichkeiten durch die verschiedenen Materialien
- Verschiedene Materialien in einer Kiste; Lehrer zeigt ein Material, Schüler holt das gleiche aus der Kiste (nur für stärkere Schüler)

Sonderpädagogische Hinweise:
Dadurch, dass sich die Materialien in einer Kiste befinden und somit vom Schüler nicht gesehen werden, wird die taktile Materialerfahrung verstärkt.
Viele Materialien erzeugen, wenn sie bewegt werden, Geräusche, die die Schüler dazu animieren, dies weiter zu bewegen, wodurch nochmals die Materialerfahrung intensiviert und zusätzlich die Eigenaktivität des Schülers angeregt wird.
Als Variation kann die **Fühlkiste II** benutzt werden:

Fühlkiste II

Materialbeschreibung:
Schuhkartons, Stoff, Nähgarn, Doppelklebeband, Styroporflocken, Materialien wie kleine Bälle oder Stofftiere, Quietschtiere o.ä.
Die Kiste wird zunächst wie die Fühlkiste I hergestellt. Anschließend wird die Kiste mit den Styroporflocken gefüllt und ein „besonderer Gegenstand" in ihr versteckt.

Ziele:
Taktile Materialerfahrung
Anbahnung von Eigenaktivität (ungezielte Handbewegungen sowie erstes Greifen)

Benutzung durch die Schüler:
Die Schüler stecken ihre Hand in die Kiste und suchen den „besonderen Gegenstand". Der Schüler erhält, wenn er diesen gefunden hat, die Gelegenheit diesen näher zu erkunden und mit ihm zu spielen.

Differenzierungsmöglichkeiten:
  • Variationsmöglichkeiten durch die verschiedenen Materialien
  • Variationsmöglichkeiten durch die Menge der verwendeten Flocken (mehr Flocken erzeugen eine größere Dichte und einen größeren zu durchsuchenden Raum, womit die Suche erschwert wird)

Sonderpädagogische Hinweise:
s. Fühlkiste I

32

Abb. 8

Materialbeschreibung:
Verschiedene Stoffe, Nähgarn, waschbare Kissenfüllung
Die Kissen werden genäht und mit der Füllung versehen.
Je nach Handgröße der Schüler und deren motorischen Fähigkeiten sind Kissen-
größen von 8x8 cm bis 15x15 cm geeignet.

Ziele:
Taktile Materialerfahrung
Anbahnung von Eigenaktivität (Öffnen und Schließen der Hände)

Benutzung durch die Schüler:
Die Schüler bekommen das jeweilige Fühlkissen in die Hand gelegt und fühlen und
erkunden es. Sind sie dazu in der Lage, greifen sie selber nach den Kissen.

Differenzierungsmöglichkeiten:
Die Differenzierungsmöglichkeiten ergeben sich durch die verschiedenen Stoffe, die
verwendet werden. Besonders geeignet sind: Samt, Seide, weicher Frottee, Flies,
Nickistoffe oder auch Felle. Zusätzlich können auch noch verschiedene Materialien
auf bzw. in das Kissen genäht werden, z.B. Knisterfolie, Glöckchen, Holzperlen.

Variation: Durch Befüllen der Kissen mit Sand in festen Gefriertüten können Sandsäckchen unterschiedlicher Größe und von unterschiedlichem Gewicht hergestellt
werden.

Sonderpädagogische Hinweise:
Es gibt Schüler, die Abneigungen gegen bestimmte Stoffe haben. Auch muss darauf
geachtet werden, dass synthetische Stoffe nicht von allen Schülern als angenehm
empfunden werden. Ebenso gibt es Schüler, die Abwehr gegen eine „leichte Berührung" mit Stoffen zeigen.
Bei Schülern, die gelagert werden müssen, können die Kissen (etwas größer genäht)
auch zur Lagerung verwendet werden.

Abb. 9

Materialbeschreibung:
Weicher Stoff, Nähgarn, Schleifenband, Materialien wie kleine, weiche Stofftiere, Kastanien oder andere Naturmaterialien, die möglichst eine glatte Oberfläche haben
Die Säckchen werden genäht, mit Material bestückt und mit Schleifenband zugebunden.
Je nach Handgröße des Schülers und dessen motorischen Fähigkeiten sind Säckchengrößen von 8x12 cm bis 15x20 cm geeignet.

Ziele:
Taktile Materialerfahrung
Anbahnung von Eigenaktivität (Öffnen und Schließen der Hände)

Benutzung durch die Schüler:
Wie bei den Fühlkissen bekommen die Schüler das jeweilige Fühlsäckchen in die Hand gelegt und befühlen es. Sind sie dazu in der Lage, greifen sie selber nach ihm.

Differenzierungsmöglichkeiten:
Die Differenzierungsmöglichkeiten ergeben sich durch die verschiedenen Materialien, die in die Säckchen gelegt werden. Gut geeignet ist auch Spielzeug für Hunde oder Katzen, da dieses weich ist und oft sehr leicht zum Quietschen gebracht werden kann und somit ein zusätzlicher Anreiz zum „Zugreifen" besteht.

Sonderpädagogische Hinweise:
Wie bei den Fühlkissen ist auf die Auswahl des verwendeten Stoffes zu achten.
Verwendet man Materialien wie kleine Quietschtiere (die prinzipiell dem Schüler auch direkt in die Hand gelegt werden können) liegt der Vorteil bei einem Fühlsack darin, dass die Schüler den Gegenstand in einer „weichen Hülle" fühlen, was oftmals als angenehmer empfunden wird als das Festhalten von gummi- oder hartplastikartigen Materialien.

34

Abb. 10

Materialbeschreibung:
Holzplatten (ca. 40x40cm), Kleber, verschieden Materialien wie: Teppich, Stoffe, Filz, Gummi (flächig), Kork, Plastik (flächig). Die im Baumarkt bereits zugeschnittenen Platten werden mit den verschiedenen Materialien beklebt.

Ziele:
Taktile Wahrnehmung mit den Füßen

Benutzung durch die Schüler:
Die Schüler gehen barfuss über die Platten oder kriechen mit nackten Beinen über diese.

Differenzierungsmöglichkeiten:
Diese liegen in der Auswahl der verwendeten Materialien.

Sonderpädagogische Hinweise:
Bei Schülern, die nicht gehen oder krabbeln können, ist es möglich, dass diese die Platten entweder mit ihren Händen erkunden oder die Platten unter ihre Beine gelegt werden. Hierbei ist aber zu bedenken, dass viele der Materialien recht hart sind und an den Beinen (die im Gegensatz zu den Füßen nicht durch Hornhaut geschützt sind) als sehr unangenehm empfunden werden können.

Abb. 11

Materialbeschreibung:
Holzklötze, ca. 8 x 4 cm, verschiede Stoffe und Folien, Fellstücke, Stücke von Jute- oder Kartoffelsäcken, Schwammtücher u. ä.
Je zwei Holzklötze werden mit demselben Material beklebt.

Ziele:
Übung der taktilen Wahrnehmung und der taktilen Merkfähigkeit

Benutzung durch die Schüler:
Die Schüler ordnen gleichartige Holzklötze einander zu.

Differenzierungsmöglichkeiten:
* die Anzahl der Holzklötze kann variiert werden
* Der Schüler sucht sich einen Holzklotz aus. Aus einer variablen Anzahl Holzklötze sucht er den zugehörigen Klotz heraus

Sonderpädagogische Hinweise:
Uns ist bewusst, dass die meisten Schüler mit einem Memoryspiel im eigentlichen Sinn überfordert sind. Daher haben wir die oben aufgeführte Differenzierungsmöglichkeit angegeben.

Abb. 12

Materialbeschreibung:
Knete; evtl. verschiedene Werkzeuge, Ausstechförmchen und Materialien mit denen Abdrücke gemacht werden können

Ziele:
Kräftigung der Handmuskulatur
Beidhändiges Arbeiten

Benutzung durch die Schüler:
Die Schüler kneten frei nach ihren Vorstellungen und benutzen dabei verschiedene Werkzeuge und Ausstechförmchen oder machen Abdrücke mit verschiedenen Materialien.

Differenzierungsmöglichkeiten:
  * Kneten nach Anweisung (produktorientiert)

Sonderpädagogische Hinweise:
Wichtig ist bei diesem Material die freie Beschäftigung damit. So können die Schüler vielfältige Materialerfahrungen machen und basale Bedürfnisse befriedigen. Da viele schwerer behinderte Schüler taktile Abwehr zeigen, kann ihnen zunächst angeboten werden, nur verschiedene Abdrücke in die Knete zu machen, ohne sie anzufassen. Wird die Knete selbst hergestellt, ist sie zum einen sehr viel weicher und zum anderen auch für schwerstbehinderte Schüler oder für Schüler, die sich noch in der oralen Phase befinden, geeignet, da sie dann essbar ist.
Rezept für völlig ungiftige Knetmasse: ¼ l Wasser, 2 Essl. Speiseöl, 100g Salz, 200g Mehl, 10g Alaun (Apotheke), Lebensmittelfarbe. Öl und Farbe in Schüssel geben, kochendes Wasser darüber gießen, übrige Zutaten einrühren und nach ca. 2 Minuten Quellzeit gut durchkneten. Aufbewahrung in luftdichten Behältern. Haltbarkeit: ca. 1 Jahr. Geruchsverbesserung durch Zugabe von wenigen Tropfen Backaroma oder Parfümöl.

Natürlich kann statt mit Knete auch mit Ton gearbeitet werden, dabei ist jedoch zu bedenken, dass Ton sehr hart ist und aufgrund seines Geruches oft von schwer- und schwerstbehinderten Kindern abgelehnt wird.

Abb. 13

Materialenbeschreibung:
Baumwoll- oder Leinentücher, heiße Steine, Taschenwärmer, Hot-Cool-Packs, Dinkelkissen, Kirschkernkissen, Wärmflaschen

Ziele:
Somatische Materialerfahrungen

Benutzung durch die Schüler:
Die Schüler bekommen die einzelnen Materialien auf verschiedene Körperteile gelegt.

Differenzierungsmöglichkeiten:
  • Verwendung verschiedener Temperaturen

Sonderpädagogische Hinweise:
Es ist darauf zu achten, dass sowohl die Materialien als auch die verwendete Temperatur vom Schüler als angenehm erlebt werden. Hot-Cool-Packs dürfen nur im Kühlschrank gelagert werden, da sonst (bei der Aufbewahrung im Gefrierfach) dauerhafte Hautschäden möglich sind. Bei schweren Materialien, wie Wärmflasche, heiße Steine, ist darauf zu achten, dass sie nicht zu schwer sind (unangenehmes Erleben durch den Schüler, Vermeiden von Druckstellen).
Heiße Steine kann man durch Erwärmung angefeuchteter Kiesel in der Mikrowelle herstellen. Vorsicht vor zu hohen Temperaturen!

Abb. 14

Materialbeschreibung:
Ventilator, Föhn

Ziele:
Somatische Wahrnehmung des gesamten Körpers, bzw. einzelner Körperteile

Benutzung durch die Schüler:
Die Schüler sitzen oder liegen in der Nähe des Ventilators. Ein Lehrer hält einen Föhn in die Nähe ihres Körpers/einzelner Körperteile.

Differenzierungsmöglichkeiten:
- Ventilator: Verwendung unterschiedlicher Temperaturen und Laufgeschwindigkeit,
  Unterschiedlicher Abstand zum Schüler
- Föhn: Verwendung unterschiedlicher Temperaturen und unterschiedlicher Drehzahl
  Anföhnen unterschiedlicher Körperteile

Variation:
Das Einflechten von Papier- oder Stoffstreifen in das Abdeckgitter erzeugt eine „lebendige" Trockendusche.

Sonderpädagogische Hinweise:
Hierbei ist darauf zu achten, dass das Gebläse nicht zu stark ist und die Temperatur vom Schüler als angenehm erlebt wird.

39

Abb. 15

Materialbeschreibung:
Schaukel, Hängematte, Varussell, Therapiekreisel, Mattenschaukel (2 Gymnastik-reifen aus Holz, in die eine Turnmatte gelegt wird) etc.

Ziele:
Vestibuläre Stimulation
Propriozeptive Stimulation
Lageveränderung

Benutzung durch die Schüler:
Der Schüler wird in eine Schaukel, auf einen Therapiekreisel etc. gelegt und vor-sichtig bewegt bzw. bewegt sich selbstständig.

Differenzierungsmöglichkeiten:
- Neigungswinkel verändern (Varussell)
- Höhe verändern (Schaukel und Hängematte)
- Geschwindigkeit und Richtung ändern

Sonderpädagogische Hinweise:
Wichtig ist, dass der Schüler ganz genau beobachtet wird, da gerade die vestibuläre Stimulation bei schwerstbehinderten Schülern zu Überreaktionen (z.B. Erbrechen) führen kann.

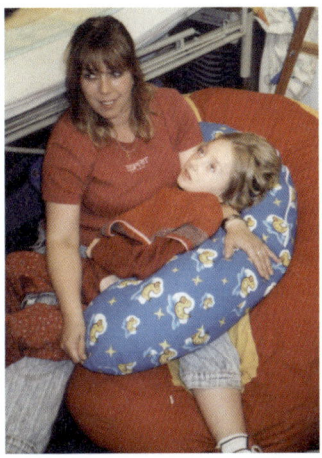

Abb. 16

Materialbeschreibung:
Zur Lagerung von schwerstmehrfachbehinderten Schülern sind verschiedenste Materialien möglich: Sitzsack, Knautschsack, Keil, Hängematte, Bällchenbad, Matten, Reifen, Wasserbett, Resonanzboden, Luftmatratze, Kisten mit verschiedenen Materialien

Ziele:
Lageveränderung, um den Schülern neue Wahrnehmungserfahrungen zu ermöglichen
Propriozeptive Stimulation

Sonderpädagogische Hinweise:
Bei den Lagerungen wird unterschieden zwischen Rücken-, Bauch-, Seiten- und Stufenlagerung. Wichtig ist es, die verschiedenen Lagerungen mit dem behandelnden Krankengymnasten abzusprechen.
Bei der Lagerung eines Schülers ist es wichtig, ihn permanent zu beobachten, um seine Reaktionen wahrzunehmen. Um Kreislaufbeschwerden, die durch die Lageveränderung entstehen können, zu vermeiden ist es evtl. nötig, den Schüler aus dem Bett zuerst in den Rollstuhl zu legen oder zu setzen und ihn dort einige Zeit zu lassen, bis sich sein Kreislauf an die veränderte Lage angepasst hat und ihn erst dann wieder anders zu lagern.
Besonders bei weichen Untergründen (z.B. Sitzsack) oder Materialien, die dem Schüler nicht eindeutige und undifferenzierte Wahrnehmungen vermitteln (z.B. Bällchenbad; Kisten mit Materialien) ist eine genaue Beobachtung wichtig, da manche Schüler auf diese mit Abwehr reagieren.
Bei der Arbeit mit dem Resonanzboden muss sehr vorsichtig und behutsam vorgegangen werden, da der Schall um ein Vielfaches verstärkt wird. Um eigene Aktivitäten (z.B. Klopfen auf den Resonanzboden) und Geräusche des Schülers für

ihn nicht zu laut werden zu lassen, kann der Schüler z. B. auf eine Isomatte oder eine dünne Gymnastikmatte gelegt werden.

Folgende Materialien können einfach selbst hergestellt werden:

- Säcke: dafür einfach Bettbezüge mit einem Material füllen und evtl. zunähen. Geeignet sind z. B. Tennisbälle, Styroporflocken, Korken, Luftballons. Diese Säcke können außerhalb der Freiarbeit auch von den anderen Schülern zum Ausruhen, Spielen oder als alternativer Arbeitsplatz genutzt werden.
- Bällchenbad: ein kleines Planschbecken (alternativ auch einen großen Pappkarton) mit Tennisbällen füllen.
- Kisten: ein großes Speisfass oder einen großen Karton bzw. für Schüler, die nicht sitzen können ein kleines Planschbecken mit einem Material füllen. Geeignet sind Naturmaterialien (Kastanien, Eicheln, Blätter etc.), Zeitungsblätter, Tücher, Schwämme, Sand etc.
- Luftmatratze, Luftbett

Abb. 17: Keil

Abb. 18: Reifen

Abb. 19: Hängematten

Abb. 20: Knautschsack

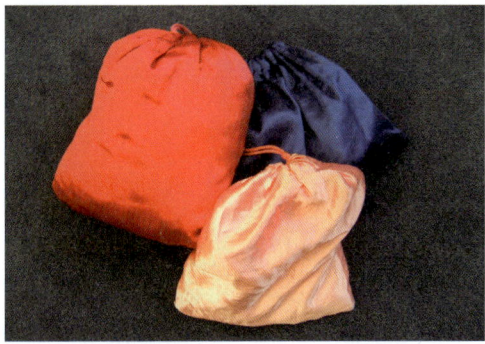

Abb. 21

Materialbeschreibung:
Bleiwesten, gekaufte oder selbst genähte Sandsäckchen:

Herstellung:
Feste Stoffe, Sand, Heißklebepistole: Aus dem Stoff werden Säckchen genäht, die mit Sand gefüllt werden. Um ein Herausrieseln des Sandes zu vermeiden, sollten Doppelnähte genäht werden und die Nähte abschließend mit der Heißklebepistole verklebt werden. Damit die Klebenaht nicht zu dick wird, muss die Stoffnaht beim Kleben (durch eine zweite Person) stramm gezogen werden. Man kann den Sand auch in stabile Gefriertüten füllen, diese zukleben und in die Stoffhüllen stecken.

Ziele:
Propriozeptiv-kinästhetische Wahrnehmung
Somatische Erfahrungen
Taktile Wahrnehmung
Eigene Körperteile bewusst wahrnehmen

Benutzung durch die Schüler:
Die Schüler sitzen oder liegen. Sie bekommen die Bleiweste angezogen oder Sandsäckchen auf einzelne Körperteile gelegt.

Differenzierungsmöglichkeiten:
- Verwendung unterschiedlicher schwerer, großer Sandsäckchen
- Anzahl der verwendeten Sandsäckchen

Sonderpädagogische Hinweise:
Es ist stets darauf zu achten, dass die Schwere der Säckchen für den Schüler angenehm ist.

Abb. 22

Materialien:
Ufolampen, Lavalampen, mit Buntpapier beklebte Lampen, Wassersäulen (mit und ohne Farbwechsel), kleine Discokugeln, Lichterketten, Leuchtschlangen, leuchtende Weihnachtsdekorationen, Kerzen in hohen Gläsern (z. B. Einmachgläser)

Ziele:
Visuelle Materialerfahrungen
Wahrnehmung von sich bewegenden und/oder sich verändernden Lichtern

Benutzung durch die Schüler:
Die Schüler werden so gesetzt oder gelegt, dass sie auf die Lichtquellen sehen können.

Differenzierungsmöglichkeiten:
  •   Verwendung unterschiedlicher Lichtquellen
  •   Veränderung des Hintergrundes
  •   Veränderung der Helligkeit des Raumes

Sonderpädagogische Hinweise:
Da die Lampen heiß werden können, muss darauf geachtet werden, dass die Schüler sie nicht mit ihren Händen/Armen berühren können. Bei Ufolampen ist darauf zu achten, dass die Schüler nicht die Enden der Leuchtfäden berühren können, da diese sonst kaputt gehen.

Abb. 23

Materialbeschreibung:
Farbspiegel

Ziele:
visuelle Erfahrungen
Gegenstände, Personen verändert wahrnehmen

Benutzung durch die Schüler:
Die Schüler nehmen den Spiegel in die Hand (ca. 20 cm vor ihren Augen) und nehmen durch diesen ihre Umgebung wahr.

Differenzierungsmöglichkeiten:
Verwendung unterschiedlicher Farben

Sonderpädagogische Hinweise:
Vielen Schülern fällt es schwer, einen Spiegel über einen längeren Zeitraum in der Hand zu halten, so dass sie der Hilfe eines Lehrers bedürfen.
Einige Schüler akzeptieren es, wenn man ihnen eine Brille aufsetzt. Aus alten Gestellen lassen sich durch Bekleben mit bunter Transparentfolie Farbenbrillen basteln.

Abb. 24

Materialbeschreibung:
Taschenlampen, Kleister, Transparentpapier. Die Aufsätze der Taschenlampen werden mit Kleister bestrichen und das zuvor zurechtgeschnittene Transparentpapier aufgeklebt.

Ziele:
visuelle Erfahrungen
Gegenstände, Personen verändert wahrnehmen

Benutzung durch die Schüler:
Die Schüler nehmen die Taschenlampen in die Hand leuchten ihre Umgebung an. Durch gezielte und ungezielte Bewegungen strahlen sie dabei verschiedenen Materialien oder Personen an.

Differenzierungsmöglichkeiten:
- Verwendung unterschiedlicher Farben
- Verwendung unterschiedlich großer Taschenlampen
- Unterschiedliche Helligkeit des Raumes
- Verwendung durch den Lehrer (Schüler verfolgen die Bewegungen des Lichts mit den Augen)
- Statt Farben verschiedene Formen aufkleben (Schattenspiel)

Sonderpädagogische Hinweise:
Vielen Schülern fällt es schwer, eine Taschenlampe über einen längeren Zeitraum in der Hand zu halten. Um dies zu erleichtern, ist es möglich, die Taschenlampe mit einem Klettband (mit Stoff unterlegt, damit es nicht scheuert) an der Hand oder am Arm des Schülers zu befestigen.

Glöckchenball

Abb. 25

Materialbeschreibung:
Ball aus weichem Schaumgummi, Glöckchen
Mit einem scharfen Messer wird der Ball bis zur Mitte hin aufgeschlitzt. Aus dem Inneren wird ein Stück Schaumgummi entnommen, das deutlich größer ist, als das Glöckchen. Das Glöckchen kommt in das Innere des Balles, dieser wird mit Kleber wieder zusammengeklebt.
Es gibt natürlich auch käufliche Glöckchenbälle aus unterschiedlichem Material.

Ziele:
Akustische Materialerfahrung
Taktile und visuelle Materialerfahrung
Anbahnung von Eigenaktivität
Anbahnung einer Auge-Hand-Koordination

Benutzung durch die Schüler:
Die Schüler bewegen den Ball je nach ihren motorischen Fähigkeiten. Zumindest in der Anfangsphase ist es sinnvoll, wenn ein Lehrer mit dem Schüler zusammen spielt.

Differenzierungsmöglichkeiten:
Die Differenzierungsmöglichkeiten liegen in der Größe des verwendeten Balles.

Sonderpädagogischer Hinweis:
Es ist wichtig, dass das Glöckchen gut klingt, da ein Teil seines Klanges durch den Ball verschluckt wird.

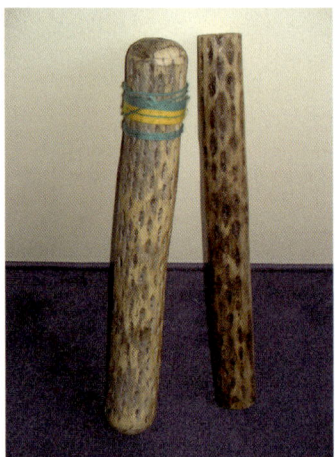

Abb. 26

Materialbeschreibung:
Gekaufte Regenrohre oder selbst hergestellte Rohre:

Herstellung:
Dicke Papprollen, breites Paketklebeband, Pappe, Nägel, Reis oder getrocknete Hülsenfrüchte, Farbe und Klarlack zum Bemalen. In die Rohre werden rundherum viele Nägel getrieben (dies erzeugt erst das langsame Rieselgeräusch), sie werden mit den Materialien gefüllt und die Enden mit Paketband verschlossen. Dazu wird ein Kreis mit demselben Durchmesser wie das Rohr aus Pappe ausgeschnitten und an der Öffnung des Rohres befestigt. Die Rohre werden anschließend bemalt und lackiert.

Ziele:
akustische Materialerfahrungen
Üben von beidhändigem Arbeiten

Benutzung durch die Schüler:
Die Schüler nehmen die Regenrohre in die Hand und verändern deren Raumlage, wodurch das „Regengeräusch" entsteht.

Differenzierungsmöglichkeiten:
- Verwendung verschieden langer Rohre
- Verwendung verschieden dicker Rohre
- Verwendung unterschiedlicher Füllmaterialien, wobei auch kleine runde Glöckchen denkbar sind, wenn die Schüler die Geräusche, die diese erzeugen, besonders lieben

48

Sonderpädagogische Hinweise:

Werden Regenrohre selber hergestellt, kann man durch Bemalen die Motivation, mit ihnen zu hantieren, noch steigern. Hierbei ist auf die Verwendung ungiftiger Farben und eines ungiftigen Klarlackes (zum Vermeiden von Farbablösungen) zu achten.

Bei Schülern, die stark in ihrer Bewegungsfähigkeit eingeschränkt sind, ist es ratsam, kleine, kurze Rohre zu nehmen.

Zum Erzeugen der Geräusche sind Drehbewegungen im Handgelenk erforderlich, die vielen Schülern schwer fallen, auch weil sie nur selten benötigt, bzw. geübt werden. So ist davon auszugehen, dass zunächst oft Handführung durch den Lehrer erforderlich ist.

Als Vorstufe zum Umgang mit dem Regenrohr können Rasseln jeder Form und Größe (von Filmdöschen bis zur Rumbakugel) eingesetzt werden.

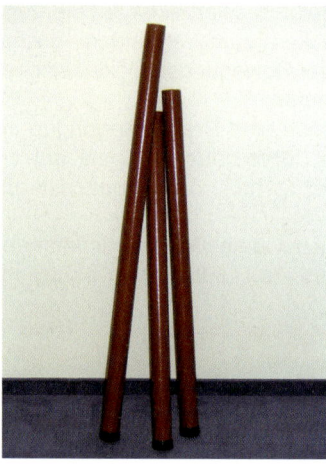

Abb. 27

Materialbeschreibung:
Stampfrohre

Ziele:
akustische Materialerfahrungen
Üben von beidhändigem Arbeiten

Benutzung durch die Schüler:
Die Schüler umfassen mit beiden Händen die Rohre und stampfen sie auf den Boden. Sie stehen oder sitzen dabei.

Differenzierungsmöglichkeiten:
  * Verwendung verschieden großer Stampfrohre
  * Benutzung auf unterschiedlichen Bodenbelägen

Sonderpädagogische Hinweise:
Als unterschiedliche Bodenbeläge können Teppichfliesen oder mit verschiedenen Materialien beklebte Holzbretter verwendet werden.

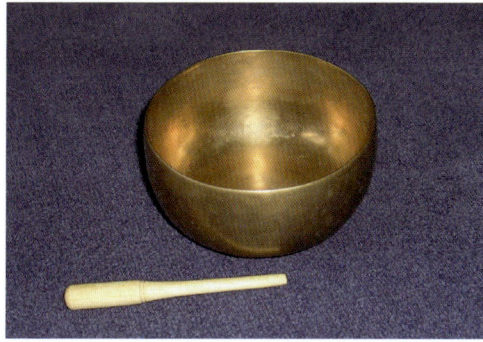

Abb. 28

Materialbeschreibung:
Klangschalen

Ziele:
akustische Materialerfahrungen
gezielte Armbewegung

Benutzung durch die Schüler:
Die Schüler schlagen mit einem Schlägel die Klangschale an.

Differenzierungsmöglichkeiten:
- Verwendung verschieden großer Klangschalen
- Variation in der Lautstärke (evtl. zunächst durch den Lehrer bzw. durch unterschiedliche Schlägel)

Sonderpädagogische Hinweise:
Um die Klangschale zum Klingen zu bringen, muss diese am besten auf ein kleines Kissen gestellt werden.
Klangschalen können einen sehr lauten Klang erzeugen. Bietet man sie als Freiarbeitsmaterial an, muss darauf geachtet werden, dass die übrigen Schüler nicht bei ihrer Arbeit gestört werden.

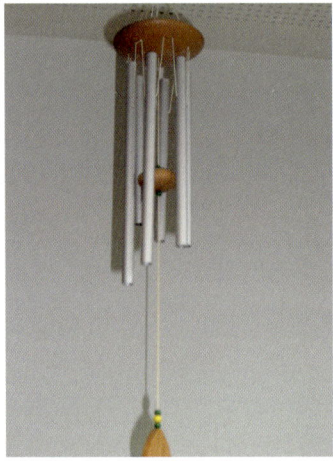

Abb. 29

Materialbeschreibung:
Gekauft Klangspiele oder selbst hergestellte Spiele (Bastelsets)

Ziele:
akustische Materialerfahrungen
Üben kleiner feinmotorischer Fingerbewegungen

Benutzung durch die Schüler:
Die Schüler fassen den Griff des mittleren Klangstabes und bringen ihn in Bewegung

Differenzierungsmöglichkeiten:
  • Verwendung verschieden großer Klangstäbe

Sonderpädagogische Hinweise:
Bastelsets für Klangspiele sind mittlerweile leicht zu erwerben. Besonders im Internet gibt es viele preiswerte Anbieter. Zu bedenken ist jedoch auch, dass der Klang der Stäbe sehr unterschiedlich sein kann und hier billige Materialien meist einen schlechteren Klang erzeugen als teurere.
Klangstäbe können einen sehr lauten Klang erzeugen. Bietet man sie als Freiarbeitsmaterial an, muss darauf geachtet werden, dass die übrigen Schüler nicht bei ihrer Arbeit gestört werden.
Man kann Klangspiele auch aus Alltagsmaterialien herstellen, z. B. aus Metalldosen oder Büchsen.

Abb. 30

Materialbeschreibung:
Kopfhörer, CDs mit Musik oder Geräuschen, CD-Player

Ziele:
akustische Erfahrungen

Benutzung durch die Schüler:
Die Schüler hören über Kopfhörer Musik bzw. Geräusche

Differenzierungsmöglichkeiten:
- Verwendung unterschiedlicher Musik
- Verwendung unterschiedlicher Geräusche-CDs
- Verschiedene Lautstärken

Sonderpädagogische Hinweise:
Bei der Auswahl der Musikstücke sollten stets die Vorlieben der Schüler berücksichtigt werden. Es ist jedoch anzustreben, die Schüler mit neuen Musikrichtungen vertraut zu machen, die man zunächst in kurzen Sequenzen einspielen und dabei die Reaktionen der Schüler beobachten sollte.
Viele schwerbehinderte Schüler sind geräuschempfindlich, ebenso gibt es auch schwerhörige Schüler unter ihnen. Dies ist bei der Wahl der Lautstärke stets zu beachten.

Abb. 31

Materialbeschreibung:
Schraubgläser oder Filmdöschen, Watte, Duftöle

Ziele:
Olfaktorische Wahrnehmung

Benutzung durch die Schüler:
Die Schüler nehmen die Gläser in die Hand, halten diese in die Nähe ihrer Nase und riechen an ihnen.

Differenzierungsmöglichkeiten:
 • Verwendung unterschiedlicher Duftöle

Variation: Alltagsgerüche wie z.B. Essig, Heringssud, Gurkensud, Vanille, Kakao, Zitronen-, Rum-, Bittermandelaroma; Gewürze; Kräuter; oder „härtere" Gerüche in vorsichtiger Dosierung wie z.B. Waschbenzin, Spiritus …
Der Inhalt der Gläser muss nach ein paar Wochen ausgetauscht werden wegen der z.T. verderblichen Inhalte.

Sonderpädagogische Hinweise:
Sollten die Schüler nicht in der Lage sein, die Gläser selber zu halten, kann dies vom Lehrer übernommen werden. Auch ist es denkbar, die Gläser so zu stellen, dass sie sich in „Nasennähe" befinden. Können die Schüler die Gläser selber halten, hat dies den Vorteil, dass sie selber bestimmen können, aus welcher Nähe, wie intensiv sie den Duft wahrnehmen möchten.
Auch hier ist auf Vorlieben und Abneigungen der Schüler zu achten.
Bei der Verwendung von Duftölen sind nicht-synthetische Düfte vorzuziehen, die es (zwar noch in geringer Auswahl) schon bei einigen Drogeriemarktketten zu kaufen gibt.

Abb. 32

Materialbeschreibung:
Duftlampen, Duftöle, Räucherstäbchen mit Schale

Ziele:
Olfaktorische Wahrnehmung

Benutzung durch die Schüler:
Die Schüler sitzen oder liegen in der Nähe der Duftlampe/Räucherstäbchen und nehmen den Duft wahr

Differenzierungsmöglichkeiten:
- Verwendung unterschiedlicher Duftnoten
- Abstand der Schüler zur Duftlampe/Räucherstäbchen

Sonderpädagogische Hinweise:
Auch hier sind wieder Vorlieben und Abneigungen der Schüler zu beachten. Besonders Räucherstäbchen können, besonders wenn sie zu nahe beim Schüler aufgestellt sind, unangenehme Empfindungen auslösen. Da der abgegebene Duft im gesamten Klassenraum zu riechen ist, muss bei der Auswahl der Duftstoffe auch auf die Bedürfnisse der übrigen Schüler geachtet werden.

Abb. 33

Materialbeschreibung:
Flexibles, dünnes Plastikrohr (Ø 1-2cm, ca. 20cm lang) (Baumärkte), Stoffe oder breite
Bänder, Materialien wie Perlen, Kastanien, dicke Eicheln etc., Kleber, Kordel:

Herstellung:
In die Enden des Plastikrohres werden Löcher zum Befestigen der Kordel gebohrt.
Die Materialien werden auf die Kordel aufgefädelt und diese stramm zwischen
den Enden des Plastikrohres befestigt. Das Plastikrohr wird mit Stoff oder dickem
Band beklebt.

Ziele:
Taktile Materialerfahrung
Anbahnung von Eigenaktivität (Öffnen und Schließen der Hände/ gezielte und auch
ungezielte (bei der Verwendung von Glöckchen) Bewegungen der Hand bzw. des
Armes)

Benutzung durch die Schüler:
Die Schüler bekommen die Greiflinge in die Hand gelegt und fühlen die jeweiligen
Materialien.
Ebenso ist es möglich (falls es die motorischen Fähigkeiten des Schülers erlauben),
dass die Greiflinge so befestigt werden, dass der Schüler gezielt nach ihnen greifen
kann, diese aber bei nicht gelungen Versuchen, nicht herunterfallen können.

Differenzierungsmöglichkeiten:
- ergeben sich aus den verschiedenen Materialien, die verwendet werden
- anstatt Materialien aufzufädeln, kann man auch kleine Glöckchen an den Enden
  des Rohres befestigen. Durch Bewegungen der Hand oder auch des gesamten
  Unterarmes erzeugt der Schüler dann das Klingen der Glöckchen

Sonderpädagogische Hinweise:
Anders als bei den Fühlsäckchen erleben die Schüler hier eine unmittelbare
Materialerfahrung. Es sollte jedoch darauf geachtet werden, dass nur Materialien
verwendet werden, die dem Schüler bekannt sind und von ihm als angenehm
empfunden werden.

4.2 Förderbereich Motorik

Reißverschlüsse öffnen und schließen

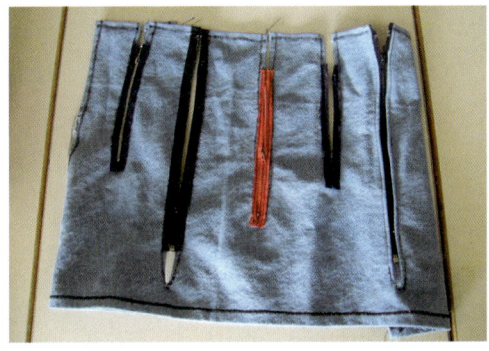

Abb. 34

Materialbeschreibung:
Reißverschlüsse, feste Stoffreste (schwere Baumwollstoffe, Jeansstoffe u. ä.), Kissenbezüge, Beutel etc., Nähgarn
Die Reißverschlüsse werden (wie bei Kleidungsstücken) in den Stoff genäht. Man kann auch Kleidungsstücke oder Teile davon nehmen. Außerdem sind Taschen und Rucksäcke zum Üben gut geeignet, v.a. wenn man eine Greifhilfe am Zipper befestigt (z. B. Kordel mit Holzperle).

Ziele:
Üben der Tätigkeit, einen Reißverschluss zu öffnen und zu schließen (Feinmotorik, beidhändiges Arbeiten, Auge-Hand-Koordination)

Benutzung durch die Schüler:
Die Schüler öffnen und schließen die Reißverschlüsse. Um die Übung attraktiver zu gestalten, können sie Gegenstände aus den Beuteln oder Kissenbezügen herausholen bzw. hineinlegen.

Differenzierungsmöglichkeiten:
- es können Reißverschlüsse verwendet werden, die schon eingehakt sind (leicht), wie bei Hosen und Taschen
- es können Reißverschlüsse verwendet werden, die noch eingehakt werden müssen (schwierig), wie bei Jacken und Mänteln
- die Anzahl der Reißverschlüsse kann variiert werden
- die Länge kann variiert werden
- Übung an (eigenen) Kleidungsstücken

Sonderpädagogische Hinweise:
Es ist sinnvoll mit der Tätigkeit des Öffnens zu beginnen, da diese einfacher für den Schüler ist.
Die Verwendung eines festen Stoffes ist sinnvoll, da er für die Schüler leichter zu greifen ist.

In der Freiarbeit soll das Erlernen dieser Tätigkeit angebahnt werden. Sehr schnell sollten diese Fähigkeiten dann in konkreten, lebenspraktischen Situationen eingesetzt werden. Eine Einbindung dieser Übung in den lebenspraktischen Bereich halten wir für erforderlich, da nur dort diese hier isolierte Übung für den Schüler sinnvoll ist.

Abb. 35

Materialbeschreibung:
Knöpfe, feste Stoffreste (schwere Baumwollstoffe, Jeansstoffe u. ä.), Nähgarn
Auf einen Stoffstreifen werden untereinander verschiedene Knöpfe genäht. In einen
zweiten Stoffstreifen – entsprechend der jeweiligen gegenüberliegenden Knopfgrö-
ße – Knopflöcher.

Ziele:
Üben der Tätigkeit, Knöpfe zu öffnen und zu schließen (Feinmotorik, beidhändiges
Arbeiten, Auge-Hand-Koordination)

Benutzung durch die Schüler:
Die Schüler öffnen und schließen die Knöpfe.

Differenzierungsmöglichkeiten:
· die Anzahl der Knöpfe kann variiert werden
· die Größe der Knöpfe kann variiert werden
· die Form der Knöpfe kann variiert werden

Variationen:
· Haken und Ösen öffnen und schließen
· Gürtel und Schnallen öffnen und schließen
· Bänder verschnüren und öffnen

Sonderpädagogische Hinweise:
Es ist sinnvoll mit der Tätigkeit des Öffnens zu beginnen, da diese einfacher für
den Schüler ist.
Wie beim Schließen und Öffnen von Reißverschlüssen ist auch hier die Verwendung
eines festen Stoffes sinnvoll, da er für die Schüler leichter zu greifen ist.
In der Freiarbeit soll das Erlernen dieser Tätigkeit angebahnt werden. Sehr schnell
sollten diese Fähigkeiten dann in konkreten, lebenspraktischen Situationen eingesetzt
werden. Eine Einbindung dieser Übung in den lebenspraktischen Bereich halten wir
für erforderlich, da nur dort diese hier isolierte Übung für den Schüler sinnvoll ist.

Dosen öffnen und schließen

Abb. 36

Materialbeschreibung:
Verschiedene Dosen wie auch kleinere Flaschen mit Drehverschlüssen

Ziele:
Üben der Tätigkeit, Dosen und Flaschen zu öffnen und zu schließen (Feinmotorik, beidhändiges Arbeiten, Auge-Hand-Koordination)

Benutzung durch die Schüler:
Die Schüler öffnen und schließen die Dosen und Flaschen.

Differenzierungsmöglichkeiten:
Die Differenzierungsmöglichkeiten liegen in der Anzahl und Größe der verwendeten Dosen und Flaschen sowie in den verschiedenen Deckel- und Verschlussarten (z.B. Deckel von Plastikdosen und verschiedenen Lebensmitteln).

Sonderpädagogische Hinweise:
Es ist sinnvoll, Plastikdosen und -flaschen zu verwenden, da diese bruchsicher sind. In der Freiarbeit soll das Erlernen dieser Tätigkeit angebahnt werden. Sehr schnell sollten diese Fähigkeiten dann in konkreten, lebenspraktischen Situationen eingesetzt werden. Eine Einbindung dieser Übung in den lebenspraktischen Bereich halten wir für erforderlich, da nur dort diese hier isolierte Übung für den Schüler sinnvoll ist. So können z.B. bei der Frühstücksvor- und -nachbereitung verschiedenste Verpackungen geöffnet und wieder verschlossen werden.

Abb. 37

Materialbeschreibung:
Wäscheleine, Wäscheklammern, kleine Frischhaltebeutel, verschiedene „Füllmaterialien" (z. B. Perlen, kleine logische Blöcke, Muggelsteine etc.)

Ziele:
Förderung der Feinmotorik
Verbesserung der Auge-Hand-Koordination
Kategorienbildung
Anbahnung des Mengenverständnisses

Benutzung durch die Schüler:
Die Schüler befüllen einen Frischhaltebeutel mit einem Material und klammern diesen Beutel dann mit einer Wäscheklammer an einer im Raum aufgespannten Wäscheleine fest.

Differenzierungsmöglichkeiten:
- Befüllen mit einer beliebigen Menge selbstausgewählten Materials
- Befüllen nach Kategorien (z. B. nur rote Steine)
- Befüllen nach Anzahl (z. B. immer 5 Kastanien in einen Beutel)

Sonderpädagogische Hinweise:
Dieses Material kann besonders gut im Bereich Mathematik genutzt werden. Außerdem ist es für bewegungsfreudige Kinder geeignet, da sie die Beutel zunächst am Tisch befüllen, dann zur Wäscheleine gehen, dort im Stehen arbeiten, dann wieder zurück zum Tisch kommen usw.
Es können natürlich auch richtige Wäsche, die die Schüler vorher gewaschen haben, oder andere geeignete Materialien (Servietten, Blätter) aufgehängt werden.

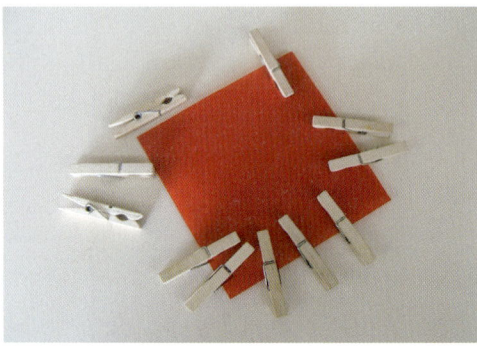

Abb. 38

Materialbeschreibung:
Sehr dicke Plastikfolie, ca. 20 x 20 cm (oder sehr dicke Pappe), 20 Wäscheklammern
Verwendet man Pappe, empfiehlt es sich, diese mit Folie zu bekleben (Schutz)

Ziele:
Übung des Pinzetten- und des Zangengriffes
Übung des beidhändigen Arbeitens
Übung der Auge-Hand-Koordination

Benutzung durch die Schüler:
Die Schüler nehmen die Wäscheklammern ab und stecken sie wieder auf.

Differenzierungsmöglichkeiten:
Die Differenzierungsmöglichkeiten liegen in der Anzahl der Wäscheklammern.

Sonderpädagogische Hinweise:
Das Abnehmen der Wäscheklammern vom Klammerbrett ist für den Schüler die eindeutig einfachere Handlung. Es empfiehlt sich also, mit dieser zu beginnen.
Auch ist es sinnvoll, Wäscheklammern aus Holz zu verwenden, da diese im Gegensatz zu den meistens Plastikklammern eine glatte Oberfläche haben.

Abb. 39

Materialbeschreibung:
Holzbrett, ca. 20 x 20 cm, Holzdübel oder andere Steckmaterialien
In das Brett werden mit einer Bohrmaschine Löcher gebohrt, die der Größe der verwendeten Dübel entspricht. Für Schüler, die farbige Reize bevorzugen, kann das Brett farbig lackiert werden.

Ziele:
Übung des Flachzangen-, des Pinzetten- und des Zangengriffes
Übung des beidhändigen Arbeitens
Übung der Auge-Hand-Koordination

Benutzung durch die Schüler:
Die Schüler stecken die Dübel in die Löcher des Brettes.

Differenzierungsmöglichkeiten:
- die Dicke der verwendeten Dübel kann verändert werden
- die Anzahl der Dübel kann geändert werden
- der Abstand der Dübel zueinander kann verändert werden

Sonderpädagogische Hinweise:
Das Holzbrett kann auch so groß gestaltet werden, dass es an die Wand gehängt werden kann. Dabei ist darauf zu achten, dass die Löcher so tief sind, dass die Dübel, Rundhölzer oder andere Steckmaterialien nicht herausfallen.

Abb. 40

Materialbeschreibung:
Perlen in verschiedenen Größen und Formen, mit verschiedenen Lochungen; Holzständer, Pfeifenputzer, Schuhriemen, Wäscheleine, Nylonfäden

Ziele:
Schulung der Feinmotorik (Übung des Pinzettengriffes)
Schulung der Auge-Hand-Koordination
Übung des beidhändigen Arbeitens
ggf. Reihenbildung, Kategorienbildung

Benutzung durch die Schüler:
Die Schüler stapeln oder fädeln die Perlen auf.

Differenzierungsmöglichkeiten:
  • große Perlen mit großen Löchern werden auf Holzständer (kleiner Holzklotz
    mit Rundholz) gestapelt
  • Perlen werden auf Pfeifenputzer gefädelt
  • Perlen werden auf dünnere Fäden oder Draht gefädelt
  • Einhaltung einer bestimmten Farbreihenfolge
  • Beachtung einer oder mehrerer Kategorien (z.B. Größe, Form)

Sonderpädagogische Hinweise:
Die aufgefädelten Perlen können z.B. als Fensterdekoration aufgehängt oder als
Arm- und Halsschmuck getragen werden, so dass den Schülern der Sinn dieser
Tätigkeit deutlich wird.

Abb. 41

Materialbeschreibung:
Holzformen, möglichst in verschiedenen Farben, Magnetband, Magnettafel
Auf die Rückseite der Holzstücke wird Magnetband geklebt.

Ziele:
Übung des Palmar-, des Pinzetten- und des Zangengriffes
Übung der Auge-Hand-Koordination

Benutzung durch die Schüler:
Die Schüler greifen nach den Holzteilen und legen sie auf das Magnetbrett.

Differenzierungsmöglichkeiten:
Schülern, die noch nicht Greifen können, bereitete es häufig Spaß, einzelne Holz-
teile auf der Magnettafel zu verschieben. Hierzu reichen auch schon unkoordinierte
Bewegungen. In diesem Fall sollte man jedoch sehr große Holzteile verwenden.

Sonderpädagogische Hinweise:
Die Magnettafel kann auch an der Wand angebracht werden bzw. es kann eine
magnetische Wandtafel benutzt werden, so dass der Schüler in einer anderen
Position arbeitet.

Abb.42

Materialbeschreibung:
Klarsichthüllen, farbiges, dünnes Papier, evtl. Schere, Trinkhalm
Zum Schluss der Arbeit klebt der Lehrer die Klarsichthülle zu, wobei er ein Stück
Trinkhalm in den oberen Rand klebt.

Ziele:
Üben des Reißens bzw. des Schneidens
Bei beiden Tätigkeiten werden geübt: Beidhändiges Arbeiten, Auge-Hand-Koordination

Benutzung durch die Schüler:
Die Schüler reißen bzw. schneiden Papier in Stücke (bis ca. 6x6 cm). Sie stecken
die Papierstücke (ggfs. mit Lehrerhilfe) in die Hülle. Der Lehrer bläst ein wenig Luft
in die Hülle. Die Schüler schütteln die Hülle und erleben so ihr Schüttelbild.

Differenzierungsmöglichkeiten:
Schülern, die noch nicht sehr geübt in der Tätigkeit des Reißens sind, wird das
Papier am Rand eingerissen.
Es können auch thematische Bilder gestaltet werden. So kann z. B. ein Mitschüler
einen Hasen ausschneiden, der in die Hülle gelegt wird. Aus roten, gelben und
grünen Papierstücken entsteht so z. B. eine Osterwiese.

Sonderpädagogische Hinweise:
Die Gestaltung eines Schüttelbildes gibt dem Schüler die Möglichkeit, „auch einmal"
eine Bastelarbeit zu bewältigen. Die benötigte Lehrerhilfe ist hierbei sehr gering. Auch
ist es nicht entscheidend, wie groß die Papierstücke sind oder ob gerade geschnitten
worden ist. Besonders zum Üben des Schneidens eignet sich die Übung.
Schneiden die Schüler die Papierstücke, ist es günstig „normales" Papier oder dünnes
Tonpapier zu verwenden. Beim Reißen eignet sich auch gut Transparentpapier.
Bei der Gestaltung thematischer Bilder wird der Schüler durch die Hilfe eines seiner
Mitschüler in den Klassenverband mit eingebunden.

Abb.43

Materialbeschreibung:
Farbige Papiere, Kleister (angerührt), Pinsel, evtl. Schere

Ziele:
Üben des Reißens bzw. des Schneidens und Klebens
Bei allen Tätigkeiten werden geübt: Beidhändiges Arbeiten, Auge-Hand-Koordination

Benutzung durch die Schüler:
Die Schüler reißen oder schneiden Papier in Stücke (bis ca. 6x6 cm), streichen mit einem Pinsel Kleister auf einen Bogen Papier und kleben (evtl. mit Lehrerhilfe) die Papierstücke auf.

Differenzierungsmöglichkeiten:
Schülern, die noch nicht sehr geübt in der Tätigkeit des Reißens sind, wird das Papier am Rand eingerissen.
Auch hier können thematische Bilder gestaltet werden. So kann z. B. ein Mitschüler einen Herbstbaum ausschneiden, der in die Mitte des Papierbogens geklebt wird. Um diesen herum werden dann Papierstücke in Herbstfarben als herabgefallene Blätter geklebt.

Sonderpädagogische Hinweise:
Wie bei der Gestaltung eines Schüttelbildes hat der Schüler auch hier die Möglichkeit, „auch einmal" eine Bastelarbeit zu bewältigen. Die benötigte Lehrerhilfe ist wiederum gering. Auch bei dieser Übung ist es nicht entscheidend, wie groß die Papierstücke sind oder ob gerade geschnitten worden ist. Besonders zum Üben des Schneidens eignet sich die Übung.
Bei der Gestaltung thematischer Bilder wird der Schüler durch die Hilfe eines seiner Mitschüler in den Klassenverband miteingebunden.

Abb. 44

Materialbeschreibung:
Latten, Dübel, Schrauben, Haken, bzw. ein gekauftes „Babygestell"; (auch Kleider-
ständer sind oft gut geeignet, wenn die Stangenkonstruktion am Boden so flach
ist, dass sie unter einen Rollstuhl bzw. eine Matte geschoben werden kann, oder
aber, wenn der Ständer auf Rollen sitzt und einen oder mehrere schwenkbare Arme
hat), Schnüre, verschiedene Gegenstände, die visuelle, taktile oder optische Effekte
erzeugen (s. Differenzierungsmöglichkeiten).
Aus den Latten wird ein Hängegestell gebaut (s. Zeichnung).

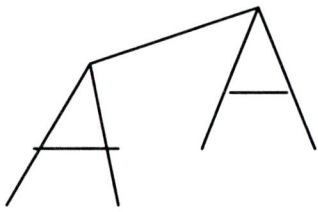

An den Schnüren werden die verschiedenen Gegenstände befestigt. Das Gestell
wird über den Schüler gestellt, der in Rückenlage liegt.

Ziele:
Auge-Hand-Koordination
Taktile, visuelle, akustische Materialerfahrung (je nach verwendetem Material)
Anbahnung von Eigenaktivität

Benutzung durch die Schüler:
Der Schüler liegt unter dem Gestell. Er greift oder schlägt nach den befestigten
Gegenständen und löst so die verschiedenen Effekte aus bzw. macht die entspre-
chenden Materialerfahrungen.

Differenzierungsmöglichkeiten:

- Verwendung von Gegenständen, die eine taktile Erfahrung ermöglichen wie z. B. Fühlsäckchen; kleine, weiche Stofftiere; Kastanien und andere aufgefädelte Waldfrüchte
- Verwendung von Gegenständen, die akustische Materialerfahrungen ermöglichen wie z. B. Glöckchen, Quietschtiere oder kleine Klangstäbe, Luftballons mit Füllung (z. B. Reis, Bohnen)
- Verwendung von Gegenständen, die eine visuelle Erfahrung ermöglichen wie z. B. Werbe-CDs, die zusätzlich mit kleinen Stücken Glitzerfolie beklebt werden, kleine Figuren mit Wackelaugen, Spiraltiere
- die Anzahl der befestigten Gegenstände kann variieren

Sonderpädagogische Hinweise:

Das beschriebene Gestell eignet sich besonders für Schüler, die nicht sitzen können und nur im Liegen Materialerfahrungen sammeln können. Dadurch, dass die Gegenstände vor und über dem Schüler hängen, nimmt er diese anders wahr, als wenn er sie „nur" in seiner Hand hält, eine „andere Sicht der Dinge" wird ihm ermöglicht.

Es ist sinnvoll, dass die Schüler die verschiedenen Materialien jeweils für sich kennen lernen, damit eine Reizüberflutung vermieden wird. Dazu ist es auch sinnvoll, dem Schüler die Materialien in die Hand zu geben und sie ggf. beim ersten Mal mit ihm zusammen zu erkunden.

Abb. 45

Materialbeschreibung:
Luftballons, weiche Schnüre, evtl. Glöckchen
Die Luftballons werden aufgeblasen und mit Schnüren am Tisch (Rollstuhl, bzw. andere Stelle, an der der Schüler gelagert wird) befestigt. Dabei müssen die Ballons so kurz angebunden werden, dass sie auch beim "Herunterhängen" noch in Greif- und Sichtweite des Schülers sind. Alternativ können die Ballons an Regalen u. ä. befestigt werden. Verwendet man große Luftballons, die mit Gas gefüllt sind, kann man zusätzlich kleine Glöckchen an den Luftballons befestigen. Man kann die Glöckchen auch in den Luftballon geben bzw. kann der Luftballon mit unterschiedlichstem Material (Streumaterial, gefärbtes Wasser, Konfetti) gefüllt werden.

Ziele:
Taktile und visuelle Materialerfahrung
Anbahnung von Eigenaktivität
Anbahnung einer Auge-Hand-Koordination

Benutzung durch die Schüler:
Die Schüler sehen die Luftballons und „schlagen" nach ihnen. Dadurch werden die Luftballons bewegt und ein neuer visueller Reiz entsteht. Weitere Möglichkeiten sind das gemeinsame Aufblasen des Ballons, das Drücken und Reiben des Ballons, die Luft entweichen lassen etc.

Differenzierungsmöglichkeiten:
· Befestigung des Luftballons am Körper des Schülers (z. B. am Arm)
· Variationsmöglichkeiten durch Anzahl und Größe der Ballons
· Verwendung von Glöckchen (s.o.)

Sonderpädagogische Hinweise:
Luftballons besitzen von sich aus einen sehr hohen Aufforderungscharakter, der die allermeisten Schüler dazu anregt, Eigenaktivität zu entwickeln. Da sie sehr leicht sind, bewegen sie sich schon bei sehr leichten und kleinen Bewegungen

und ermöglichen somit auch schwachen Schülern große „Erfolgsmöglichkeiten". Sollten die Schüler Unterstützung in ihren Bewegungen benötigen, kann dies in den meisten Fällen schon dadurch geschehen, dass der Lehrer die Bewegung des Schülers an dessen Ellenbogen unterstützt. Das Geräusch platzender Luftballons kann Schüler sehr erschrecken. Das Geräusch wird etwas abgemildert, wenn man den Luftballon an der Stelle, wo er den größten Umfang hat, mit ganz breitem Klarsichtklebeband umklebt.

Schüler, bei denen die Gefahr besteht, dass sie geplatzte Luftballons in den Mund nehmen, können diese nur unter Aufsicht benutzen.

Abb. 46

Materialbeschreibung:

Durchgreifpyramide, verschiedene Materialien (z. B. Watte, Duplo-Steine, Bauklötze, kleine Kuscheltiere etc.)

Für die Durchgreifpyramide 6 Abflussrohre (Durchmesser 10 cm, Länge 30 cm) pyramidenförmig mit Heißkleber übereinander kleben. 3 Sperrholzbretter als Dreieck um die Rohre kleben oder nageln.

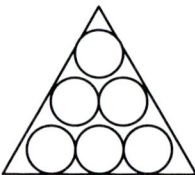

Ziele:

Auge-Hand-Koordination

Gezieltes Greifen

Benutzung durch die Schüler:

Die einzelnen Rohre werden durch den Lehrer mit Material befüllt, der Schüler greift in die Röhre und holt das Material heraus.

Differenzierungsmöglichkeiten:

- Befüllung aller, einiger oder nur einer Röhre
- Arbeit mit einem Lehrer (der Lehrer legt immer neues Material in eine Röhre, wenn der Schüler alle Röhren geleert hat)
- Arbeit mit einem Partner (nur bei stärkeren Schülern)
- Der Schüler nimmt das Material aus der Röhre und bringt es z. B. in die Spielecke, zu einer entfernt stehenden Kiste etc. (geeignet für unruhige Kinder)

Sonderpädagogische Hinweise:

Erfahrungsgemäß ist die Durchgreifpyramide für viele Schüler sehr motivierend. Sie suchen sehr gerne versteckte Gegenstände oder verstecken gerne für andere Schüler oder Lehrer Gegenstände in den Röhren.

Abb. 47

Materialbeschreibung:
Verschiedene Dosen aus unzerbrechlichem Plastik oder Blech, z. B. sind Kaffee-
dosen mit Plastikdeckel gut geeignet.

Ziele:
Üben des beidhändigen Arbeitens
Üben der Auge-Hand-Koordination
Übung der visuellen Wahrnehmungsfähigkeit

Benutzung durch die Schüler:
Die Schüler stecken die Dosen ineinander.

Differenzierungsmöglichkeiten:
- Der Schüler steckt je eine schmale Dose in eine breitere Dose.
- Der Schüler steckt mehrere Dosen ineinander.
- Der Schüler stapelt je eine schmale Dose auf eine breitere Dose.
- Der Schüler stapelt mehrere Dosen übereinander.

Sonderpädagogische Hinweise:
Auf Grund der Unfallgefahr ist es sinnvoll, nur unzerbrechliche Materialien zu verwenden. Benutzt man Blechdosen, muss darauf geachtet werden, dass der Rand,
der beim Öffnen von Dosen entsteht, glatt ist bzw. muss man ihn mit Gewebeband
abkleben.
Es können die gleichen Dosen verwendet werden, die bei der Übung „Öffnen und
Schließen von Dosen" verwendet werden.

4.3 Förderbereich Kommunikation

Einsatz von Unterstützter Kommunikation

Abb. 48

Materialbeschreibung:
Elektronische Kommunikationshilfen wie Talking Buddy oder eine andere Taste, Power Link, Kassettenrekorder, verschiedene Lampen, Massagematte, batteriebetriebenes Spielzeug, Seifenblasenmaschine oder andere elektronische Geräte

Ziele:
Selbstbestimmung
Zielgerichtetes Handeln
Kennenlernen von Ursache-Wirkungszusammenhängen

Benutzung durch die Schüler:
Der Power Link (ein Gerät zum Anschluss an elektrische Geräte) wird mit einer externen Taste (z. B. Talking Buddy) sowie mit einem elektrischen Gerät (z. B. Massagematte) verbunden. Über die Taste nimmt der Schüler das Gerät in Betrieb und bestimmt Beginn und Ende der Tätigkeit (z. B. der Massage).

Differenzierungsmöglichkeiten:
- beim Power Link gibt es verschiedene Einstellungsmöglichkeiten: z. B. Intervall (bei Betätigung der Taste ist das angeschlossene Gerät für eine vorgegebene Zeit – z. B. 30 sec – in Betrieb). Der Schüler muss erneut drücken, um das Gerät wieder zu starten), Tastend (Taste muss gedrückt gehalten werden) oder Ein-Aus (Schüler muss drücken, um das Gerät einzuschalten und wieder drücken, um es auszuschalten)
- schwerstbehinderte Schüler können z. B. in den Hauswirtschaftsunterricht eingebunden werden, indem ein Mixer etc. angeschlossen wird
- kann auch bei Musik-Stopp-Spielen eingesetzt werden; so können auch motorisch nicht bewegliche Schüler eingebunden werden, indem sie über die Taste die Musik steuern
- Talking Buddy oder Big Mack können auch besprochen und mit den entsprechenden Bildkarten oder Symbolen beklebt werden; so kann der Schüler

z. B. eine Auswahl zwischen zwei Materialien treffen
- bei stärkeren nichtsprechenden Schülern können Bildkarten oder Symbole benutzt werden

Sonderpädagogische Hinweise:

Wichtig ist es, zunächst ein Material zu wählen, das der Schüler gerne mag (z. B. Kassettenrekorder, wenn der Schüler gerne Musik hört). Ebenso ist es günstig, beim Power Link die Einstellung „Intervall" zu wählen. Zunächst wird dem Schüler die Taste gezeigt und mit ihm zusammen (Handführung) auf die Taste gedrückt. Da bei der Einstellung „Intervall" die Musik nach einer vorher eingestellten Zeit ausgeht, muss erneut auf die Taste gedrückt werden. Wählt man ein für den Schüler motivierendes Gerät, versucht er meist schon nach kurzer Zeit selbstständig, auf die Taste zu drücken. Wichtig ist, die Taste so zu platzieren, dass der Schüler sie einfach erreichen kann. Manche schwerstbehinderte Schüler können die Taste auch besser mit dem Fuß, dem Ellenbogen oder dem Kopf betätigen! Wichtig ist es auch, eine Taste zu wählen, bei der nur wenig Druck ausgeübt werden muss.

Kann der Schüler das Gerät mit der Taste bedienen, können die Einstellungen des Power Links variiert werden.

Die verschiedenen Taster, Power Link und andere Kommunikationshilfen sind bei Reha-Firmen (z. B. Reha-media, Reha vista, Prentke Romich) erhältlich. Zu Beratungen, Produktpräsentationen und ggf. sogar zur Ausleihe sind diese meist bereit. In vielen Fällen können die Geräte auch über die Krankenkasse beantragt werden.

5. Literatur

- Ayres, J.: Bausteine der kindlichen Entwicklung. Berlin 1992
- Bayer. Staatsministerium für Unterricht und Kultus (Hrsg.): Lehrplan für den Förderschwerpunkt geistige Entwicklung. München 2003
- Bienstein, Ch., Fröhlich, A.: Basale Stimulation in der Pflege. Düsseldorf 2004
- Doering W: und W.: Sensorische Integration. Dortmund 1999
- Fröhlich, A.: Basale Stimulation. Das Konzept. Düsseldorf 1998
- Fröhlich, A.; Simon, A.: Gemeinsamkeiten entdecken. Mit schwerbehinderten Kindern kommunizieren. Düsseldorf 2004
- Zimmer, R.: Handbuch der Sinneswahrnehmung. Freiburg i.Br. 1995
- Zinke-Wolter, P.: Spüren – Bewegen – Lernen. Dortmund 1992, 2005

6. Verlage

- Aurednik
  Boschstr.8
  63768 Hösbach
  www.aurednik.de

- Duysma
  Postfach 1260
  73602 Schorndorf
  www.duysma.de

- Eibe
  Industriestr. 1
  97285 Röttingen
  www.eibe.net

- Holz-Hoerz ...die pedalo-Macher
  Postfach 1103
  72521 Münsingen
  www.pedalo.de

- K2-Verlag
  Am Buchberg 8
  74572 Blaufelden
  www.k2-verlag.de

- Riedel
  Carl-Zeiss-Str. 35
  72770 Reutlingen

- Sport-Thieme
  38367 Grasleben
  www.sport-thieme.de

- Wehrfritz
  August-Grosch-Str. 28
  96476 Bad Rodach
  www.miteinander-leben.de
  www.wehrfritz.de

- Widmaier
  Waldstr. 36
  73773 Aichwald-Aichschieß
  www.widmaier-spielen.de

Wibke Bein-Wierzbinski

Eine kleine Raupe geht auf Wanderschaft ... und macht viele Bekanntschaften

Neuromotorisches Übungsprogramm für Kinder im Vorschulbereich und in der Grundschule

Mit diesem kindgerechten und amüsanten Übungsprogramm können Kinder mit Nachholbedarf im Alter von 5 bis 12 Jahren auf die Schule vorbereitet, bzw. unter neurophysiologischen Aspekten gefördert werden. Die Kinder begeben sich in die Rolle der Raupe. Die einzelnen Bewegungen, die die Kinder auf diese Art und Weise turnen, fördern neben der Bewegungsentwicklung auch die Eigenwahrnehmung und Konzentrationsfähigkeit. Hier findet ein nachholendes Trainieren der frühkindlichen, sensomotorischen Entwicklung statt, da viele der Bewegungen dem neuromotorischen Aufrichtungsprozess aus dem ersten Lebensjahr entsprechen.

„Fazit: Sehr empfehlenswert für entwicklungsverzögerte Kinder und Kinder mit ADHS/ADS Symptomen – also für jede KITA-Gruppe und jede Grundschulklasse." M. Broglie, SKG-Forum
2. Aufl. 2008, 116 S. (50 S. farbige Vorlagen), Format DIN A4, Ringbindung, ISBN 978-3-8080-0608-5, Bestell-Nr. 1227, € 21,50

Krista Mertens / Ute Wasmund-Bodenstedt

10 Minuten Bewegung

BESTSELLER

„Um in den Schulalltag Bewegung hineinzubringen ist dieses Buch bestens geeignet. Es zeigt vielfältige Spiel- und Übungsformen mit Alltagsgegenständen bzw. Schulgegenständen auf. Insgesamt sind 113 einzelne Übungen und Spiele beschrieben, die ohne viel Aufwand und Vorübung spontan umgesetzt werden können. Alle Bewegungseinheiten dauern 10 Minuten und können daher beliebig in den Schulalltag eingebunden werden. Das Buch ist eine gute Hilfe und Anregung für kurze Bewegungseinheiten, zur Auflockerung des Unterrichts und vor allem für die Grund- bzw. Sonderschule sehr geeignet." B. Buehler, lehrerbibliothek.de
5. Aufl. 2006, 168 S., Format 16x23cm, Ringbindung
ISBN 978-3-8080-0575-0, Bestell-Nr. 1126, € 15,30

Dorothea Beigel

Flügel und Wurzeln

Persistierende Restreaktionen frühkindlicher Reflexe und ihre Auswirkungen auf Lernen und Verhalten

Die Autorin beschreibt Möglichkeiten und Erfahrungen aus der Arbeit mit Bewegungsprogrammen zur Integration von Restreaktionen frühkindlicher Reflexe. In eigens hervorgehobenen Ratschlägen für Elternhaus, Kindergarten und Schule wird aus Sicht einer Pädagogin darauf hingewiesen wie Teilleistungsstörungen vorgebeugt werden kann und wie sie ausgeglichen werden können. Angesichts der politischen Folgerungen aus der Pisa-Studie ist es als Plädoyer für eine gedeihliche Kindheit in Elternhaus, Kindergarten und Schule zu verstehen. Es geht darum, die kindlichen „Wurzeln" wachsen und gedeihen zu lassen und auf diese Weise den Kindern „Flügel" zu geben, mit denen sie sich gesund und erfolgreich den Herausforderungen der Gegenwart und Zukunft stellen können.
3. Aufl. 2006, 224 S., Format 16x23cm, fester Einband
ISBN 978-3-8080-0535-4, Bestell-Nr. 1154, € 20,40

Helmut Köckenberger

Kinder Stärken

Ressourcenorientierte Diagnostik (RODI) und psychomotorische Entwicklungsbegleitung (ROPE)

Dieses Buch gibt im ersten Teil einen allgemeinen Überblick über diagnostische Möglichkeiten und zeigt auf, was Diagnostik nicht leisten kann. Im zweiten Teil wird das in der Praxis erprobte Diagnostikverfahren RODI vorgestellt. Es erfragt statt der Defizite die Ressourcen der Kinder, die stärkenden Faktoren von Spiel- und Lernsituationen, die aktuellen Lebens- und Entwicklungsthemen, die Bedeutung des auffälligen Verhaltens und die kindliche Selbsteinschätzung. Im dritten Teil werden konkrete Konsequenzen für eine ressourcenorientierte psychomotorische Entwicklungsbegleitung (ROPE) aufgezeigt und anhand von Fallbeispielen verdeutlicht. Außerdem werden durch neue ressourcenorientierte Beobachtungsbogen die Einschätzung eines Kindes (ROB-K) bzw. der Gruppe (ROB-G) in der psychomotorischen Praxis erleichtert.
2007, 192 S., farbige Abb., Format 16x23cm, fester Einband
ISBN 978-3-938187-34-0, Bestell-Nr. 9389, € 20,40

BORGMANN MEDIA

vml verlag modernes lernen *p borgmann publishing*

Schleefstr. 14 • D-44287 Dortmund • **Kostenlose Bestell-Hotline:** Tel. 0800 77 22 345 • FAX 0800 77 22 344
Ausführliche Informationen und Bestellen im Internet: www.verlag-modernes-lernen.de

Psychomotorik
Bewegtes Lernen

Helmut Köckenberger

Rollbrett, Pedalo & Co.

Bewegungsspiele mit Materialien aus Psychomotorik, Sport und Freizeit

„Wer glaubt, er kenne schon alle attraktiven Einsatzmöglichkeiten aus seiner eigenen Praxis und Fortbildungen, wird schnell eines Besseren belehrt. Das Buch ist zugleich Zeugnis des Dialogs, den Köckenberger zusammen mit seinen SchülerInnen mit diesem Material geführt hat, und auch eine Schatzkiste für denjenigen, der einen solchen Dialog vorbereiten oder sein 'Vokabular' erweitern will. Erhältlich ist diese 'Vokabelsammlung' in einem hübschen Hardcover-Einband mit einem praktischen Bändchen als Buchzeiger. Ein Wörterbuch, das jeden zum psychomotorischen Dialog einlädt, der mit Rollbrett, Pedalo und Co. ins Land des Spiels reisen will." Motorik

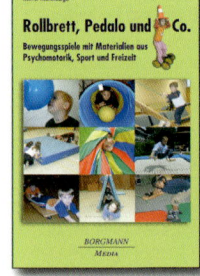

2006, 240 S., farbige Abb., Format 16x23cm, fester Einband
ISBN 978-3-938187-20-3, Bestell-Nr. 9372, € 21,50

Krista Merteens / Franziska Tag / Martin Buntrock

Snoezelen

Eintauchen in eine andere Welt

Beim Snoezelen werden in einem besonders ansprechend gestalteten Raum über Licht-, Klang- und Tonelemente, Aromen und Musik Sinnesempfindungen ausgelöst. Diese wirken auf die verschiedensten Wahrnehmungsbereiche entspannend, aber auch aktivierend. Snoezelen erzeugt Wohlbefinden – in der ruhigen Atmosphäre werden den Menschen Ängste genommen, sie fühlen sich geborgen. Snoezelen ist Therapie und Förderung zugleich und wird in allen Entwicklungsstufen (Kleinkind bis betagte Menschen) zur Förderung des Lernens, zur Rehabilitation und psychischen Stabilisierung eingesetzt. In diesem Band sind 20 Stundenbeispiele zu den Themenschwerpunkten Jahreszeiten, Wetter, Tageszeiten, Erlebnisreisen und Verwöhnen enthalten. Man kann

die Stunden bei entsprechender Umgestaltung auch in einer ruhigen, gemütlich eingerichteten Ecke eines Innenraumes, die Erzählungen auch in Außenräumen umsetzen.
August 2008, 192 S., farbige Abb., Beigabe: Audio CD (72 Min.), Format 17x24cm, fester Einband
ISBN 978-3-8080-0610-8, Bestell-Nr. 1229, € 24,60

Jutta Bläsius

„Was berührt mich da?"

Taktile Wahrnehmungsspiele mit Bürsten, Schwämmen, Nudelhölzern ...

Wie Kindergarten- und Grundschulkinder mit Alltagsmaterialien spielerisch „auf Tuchfühlung" gehen können, „völlig von der Rolle" sein dürfen oder mit einer „schwammigen Angelegenheit" umzugehen lernen, verdeutlicht dieses praktische kleine Handbuch. Es enthält eine Vielzahl an Vorschlägen und Ideen, die die taktile Wahrnehmung bei Kindern sinnvoll fördern.

Hierbei spielen Alltagsgegenstände oder Materialien, die sich preisgünstig erwerben lassen, eine entscheidende Rolle. In Einzel-, Partner- oder Gruppenarbeit können mit diesen Materialien kleine Entspannungseinheiten, Massagen, Körperübungen oder taktile Sinnesspiele durchgeführt werden, die stellenweise sogar unter die Haut gehen.
2008, 128 S., farbige Abb., Format 16x23cm, Ringbindung
ISBN 978-3-8080-0623-8, Bestell-Nr. 1230, € 15,30

Axel Heisel

Schaukeln, Seilbrücken, Hangeln & Co.

Einfache Seil- und Knotentechniken für Drinnen und Draußen

So wird das Arbeiten mit Seil und Knoten leicht! Egal ob Sie mit Kindern im Wald unterwegs sind, in der ergotherapeutischen Praxis nach individuell gestaltbaren Schaukel- und Klettersystemen suchen oder einfache und schnelle Seilverbindungen für die Turnhalle benötigen. Hier werden Sie fündig! Mit vielen anschaulichen Fotos und Zeichnungen stellt der Autor seine Seilanwendungen vor: individuell anpassungsfähige und justierbare Schaukelsysteme, einfach zu bauende Seilbrücken, funktionelle Unterstände und Spielhöhlen, Hangelseile für Raum und Natur sowie Spiele mit dem Seil. Alle Aufbauvorschläge sind leicht nachzubauen. Das einheitliche Beschreibungssystem bietet schnellen Überblick über Anwendung, notwendiges Material, Aufbau, sowie Nutzen und Risiken.
Juni 2008, 200 S., farbige Abb., Format 16x23cm, Ringbindung
ISBN 978-3-8080-0626-9, Bestell-Nr. 1236, € 19,80

BORGMANN MEDIA

(vml) verlag modernes lernen *ᵖ borgmann publishing*

Schleefstr. 14 • D-44287 Dortmund • Kostenlose Bestell-Hotline: Tel. 0800 77 22 345 • FAX 0800 77 22 344
Ausführliche Informationen und Bestellen im Internet: www.verlag-modernes-lernen.de